非物质文化遗产与文创产品设计

朱庆祥◎著

吉林出版集团股份有限公司
全国百佳图书出版单位

图书在版编目（CIP）数据

非物质文化遗产与文创产品设计 / 朱庆祥著 .
长春 : 吉林出版集团股份有限公司 , 2024.6. -- ISBN
978-7-5731-5266-4
Ⅰ . G12
中国国家版本馆 CIP 数据核字第 2024HB1475 号

非物质文化遗产与文创产品设计
FEI WUZHI WENHUA YICHAN YU WENCHUANG CHANPIN SHEJI

著　　者	朱庆祥
责任编辑	息　望
封面设计	李　伟
开　　本	710mm×1000mm　　　1/16
字　　数	170 千
印　　张	10
版　　次	2024 年 8 月第 1 版
印　　次	2024 年 8 月第 1 次印刷
印　　刷	天津和萱印刷有限公司

出　　版	吉林出版集团股份有限公司
发　　行	吉林出版集团股份有限公司
地　　址	吉林省长春市福祉大路 5788 号
邮　　编	130000
电　　话	0431-81629968
邮　　箱	11915286@qq.com
书　　号	ISBN 978-7-5731-5266-4
定　　价	60.00 元

版权所有　翻印必究

作者简介

朱庆祥 男，汉族，1983年12月生，河北省邯郸市人，毕业于北京科技大学，设计艺术学专业，硕士研究生学历。现任教于河北工程大学，讲师，研究方向为非物质文化遗产和文创产品设计。主持并完成河北省社会科学发展研究课题1项、市级课题3项、发表论文10余篇。

前　言

在中华民族上下五千年的历史长河中，出现了许多非物质文化遗产。《周礼·冬官·考工记》和《天工开物》这两部中国古代科技典籍就对诸多文化遗产进行了记载。科学技术的不断发展为非物质文化遗产的创新发展带来了有利条件，同时也对历史上的非物质文化遗产进行了当代的创新。随着我国经济快速增长和综合国力的提升，文创产业也迎来了蓬勃的发展。将非遗文化的民俗文化内涵结合文创产业，经由现代设计和创意思维的转化成为具有市场价值的商品，以此带动非遗文化的传播和发展，同时也是增强我国文化软实力的方式之一。

以文化为经线，以创意为纬线，把非遗宝贵、独特的资源，转化为文化创意产品中的有生力量，具有重大意义。作为非遗项目的传承人，应当持之以恒地使非遗技艺薪火相传；中国本土的设计师，应当学习、研究、采纳非遗项目中极具艺术性的部分，在深入了解的基础上加以再创造、再设计。由此设计出的文化创意产品，将成为中国独具特色的文化名片，提高中国非物质文化遗产的知名度，促进文化创意产业发展，并将对非遗本身进行"反哺"。非遗与文创的结合对于非遗的活态传承和文创产业的发展都具有重要意义。

在内容上，本书共分为五个章节，第一章为非物质文化遗产的构成及保护，依次从非物质文化遗产的内涵、非物质文化遗产的价值、非物质文化遗产保护的意义、非物质文化遗产的保护原则、非物质文化遗产保护的成就及机遇五个方面作出阐述；第二章为文化创意产业概述，分别对文化创意产业的概念、文化创意产业的分类、文化创意产业的模式、我国文化创意产业的发展进行论述；第三章为非物质文化遗产产业化，分为非物质文化遗产产业化的意义、国外非物质文化遗产产业化的实践、我国非物质文化遗产产业化的探索三个部分；第四章为非物质文化遗产与文创产品，对非遗的文化资本属性及构成、非遗与非遗文创的关系、非遗文创产品开发模式、非遗文创产品发展的措施展开分析；第五章为基于非遗的文创产品设计，对非遗文创产品设计原则、非遗文创产品设计方法、非遗文创产品设计案例进行研究。

  在撰写本书的过程中，作者得到了许多专家学者的帮助和指导，参考了大量的学术文献，在此表示真诚的感谢。由于作者水平有限，书中难免会有疏漏之处，希望广大同行指正。

目 录

第一章 非物质文化遗产的构成及保护 ... 1
第一节 非物质文化遗产的内涵 ... 3
第二节 非物质文化遗产的价值 ... 13
第三节 非物质文化遗产保护的意义 ... 24
第四节 非物质文化遗产的保护原则 ... 29
第五节 非物质文化遗产保护的成就及机遇 ... 35

第二章 文化创意产业概述 ... 41
第一节 文化创意产业的概念 ... 43
第二节 文化创意产业的分类 ... 48
第三节 文化创意产业的模式 ... 51
第四节 我国文化创意产业的发展 ... 58

第三章 非物质文化遗产产业化 ... 67
第一节 非物质文化遗产产业化的意义 ... 69
第二节 国外非物质文化遗产产业化的实践 ... 74
第三节 我国非物质文化遗产产业化的探索 ... 86

第四章　非物质文化遗产与文创产品·····99
第一节　非遗的文化资本属性及构成·····101
第二节　非遗与非遗文创的关系·····106
第三节　非遗文创产品开发模式·····113
第四节　非遗文创产品发展的措施·····119

第五章　基于非遗的文创产品设计·····129
第一节　非遗文创产品设计原则·····131
第二节　非遗文创产品设计方法·····138
第三节　非遗文创产品设计案例·····143

参考文献·····149

第一章　非物质文化遗产的构成及保护

本章主要内容为非物质文化遗产概述,依次从非物质文化遗产的内涵、非物质文化遗产的价值、非物质文化遗产保护的意义、非物质文化遗产的保护原则、非物质文化遗产保护的成就及机遇五个方面作出阐述。

第一节　非物质文化遗产的内涵

一、相关概念界定

（一）文化遗产概念

文化遗产是文化与遗产的合成词，在不同的语境中有不同的解释。

在中国历史上，"文""化"并用最早见于战国末年的《易·贲卦·象传》："观乎'天文'，以察时变；观乎'人文'，以化成天下。"① "文""化"并为一词，则始于西汉。刘向《说苑》："圣人之治天下也，先文德而后武力。凡武之兴为不服也，文化不改，然后加诛。"② 此处的"文化"意为以文德教化，与野蛮相对。英国著名人类学家泰勒在1871年出版的《原始文化》中讲："文化，或文明，就其广泛的民族学意义来说，是包括全部的知识、信仰、艺术、道德、法律、风俗以及作为社会成员的人所掌握和接受的任何其他才能和习惯的复合体。"③ 在这个经典的定义中，"文化"并没有拓展到实物层面，直到1952年，美国著名文化人类学专家克罗伯和克拉克洪的《文化、概念和定义的批评考察》在对西方流行的160多种关于"文化"的定义作了回顾和评析之后，提出了对"文化"的定义："文化代表了人类群体的显著成就，包括它们在人造器物中的体现；文化的核心部分是传统的观念，尤其是它们所带的价值。"这个定义中已经出现了"物"的部分，但仅仅是作为文化的外在体现而存在。

遗产作为名词在中国最早见于《后汉书·郭丹传》："（郭）丹出典州郡，人为三公，而家无遗产，子孙困匮。"④ 另外，《温国文正司马公文集》卷76有"诸兄欲分魏公遗产"，《述学》有"乃尽以遗产与诸弟，而独任丧葬之事"⑤

---

① 李学勤. 十三经注疏 标点本 1 周易正义 [M]. 北京：北京大学出版社，1999：105.
② 刘向. 说苑疏证 [M]. 赵善诒疏证. 上海：华东师范大学出版社，1985：420.
③ 爱德华·泰勒. 原始文化 [M]. 连树声，译. 上海：上海文艺出版社，1992：1.
④ 范晔. 后汉书 [M]. 张道勤，校. 杭州：浙江古籍出版社，2000.
⑤ 汪中. 述学 [M]. 戴庆钰，涂小马，校点. 沈阳：辽宁教育出版社，2000：62.

等记载,这里的"遗产"都指祖辈遗留的物质财产。遗产内涵扩大到"精神"的范畴,则是在现代以后。1933年,胡适在芝加哥大学发表著名的演讲《中国的文艺复兴》,其中就提到"文化遗产"。他说:"非常奇异的是,这场新的运动(五四运动、新文化运动)却是那些懂得他们的文化遗产而且试图用新的现代历史批评和探索方法来研究这个遗产的人来领导的。""遗产"的英语为"heritage",它源于拉丁语,意思是"父亲留下的财产"。最近的研究表明,现代意义上的"文化遗产"概念出现在20世纪30年代。20世纪下半叶后,它的含义发展为"祖先留下来的财产",外延也由一般的物质财产发展为看得见的"物质文化遗产"和看不见的"非物质文化遗产"及充满生命力的"自然遗产"。20世纪90年代,法国历史学家皮埃尔·诺拉指出:"在过去的大约20年间,'遗产'的概念已经扩大到如此程度,致使概念都发生了变化。较老的词典把此词主要定义为父母传给子女的财物,而新近的词典还把该词定义为历史的证据……整体上被认为是当今社会的继承物。"① 显然,在西方语境中,"遗产"也经历了从单纯的物质层面向精神层面逐步扩张的过程。

遗产是指人类社区、群体或个人留给后代并被后代继承的财富,它既是前代人创造性劳动的结晶,又是后代人价值追求的对象,是人类过去与现代文化传递的纽带。

遗产是人类社会特有的现象,故遗产都具有人类文化的品性,这就是广义的文化遗产。狭义的文化遗产则专指人类社区、群体或个人所创造的并被后代继承的体现人类特性的财富。这种财富的价值不是指向人类自然本能满足层面,而是指向人类本质满足层面,因而是文化遗产中具有特殊价值的部分。

(二)物质文化遗产概念

任何文化遗产都是通过具体物质作为载体来传承的,根据作为传承载体物质的性质和状态以及传承者对遗产的价值取向,我们把文化遗产分为物质文化遗产和非物质文化遗产。

---

① 苑利. 文化遗产与文化遗产学解读[J]. 江西社会科学, 2005(3): 127-135.

物质文化遗产是指人类社区、群体或个人创造的文化财富以静态物质方式被后代认可和继承。文化财富与载体物质是合二为一、水乳交融的，离开载体物质的文化财富与离开文化财富的载体物质都不能被称为物质文化遗产。例如，故宫、长城等是我国古代人民的创造物，它们本身连同其凝聚的文化共同构成其作为文化遗产的价值。

（三）非物质文化遗产概念

1. 联合国教科文组织的界定

2003年10月17日，联合国教科文组织第32届大会通过了《保护非物质文化遗产公约》（Convention for the Safeguarding of the Intangible Cultural Heritage），该公约使用了规范的非物质文化遗产的概念，并详细界定了非物质文化遗产的概念及其包括的范围。

根据《保护非物质文化遗产公约》定义，非物质文化遗产（Intangible Cultural Heritage）指被各群体、团体，有时为个人，视为其文化遗产组成部分的各种实践、观念表述、表现形式、知识、技能及相关的工具、实物、手工艺品和文化场所。各个群体和团体随着其所处环境、与自然界的相互关系和历史条件的变化而不断使这种代代相传的非物质文化遗产得到创新，同时使他们自己具有一种认同感和历史感，从而促进了文化多样性和激发人类的创造力。非物质文化遗产所涵盖的内容包括：口头传统和表现形式，包括作为非物质文化遗产媒介的语言；表演艺术；社会实践、礼仪、节庆活动；有关自然界和宇宙的知识和实践；传统手工艺。

"公约"中还说明，非物质文化遗产当中的非物质性是指能够在满足人们的物质生活基础上产生的物质内容，其真正的意义是对人们精神生活中的需求进行满足的形式，就是非物质性。在大多数时间里，非物质文化遗产都会以物化的形式产生，并且并不是完全与物质无关的，而是偏重形态的一种精神领域的成果体现。

各种形式的非物质文化遗产，如古琴艺术、昆曲，新疆维吾尔木卡姆艺术，蒙古族长调民歌等，都要通过表演者和一定的乐器、道具及具体的表演过程这些物化的载体和表现形式才能呈现出来。然而，非物质文化遗产重点强调的并不是这些物质层面的载体和呈现形式，而是包含在这些物质形式后面的技术体现及人们独到的思维模式和丰富的精神内涵等一些非物质形态的内容。中国的古琴艺术是我国第一批被列入非物质文化遗产的代表。在物质遗产和非物质遗产的区分上，古琴是一种物体，不属于非物质文化遗产，古琴的演奏者是人，也不属于非物质文化遗产，但是古琴的发明及实际的演奏技巧和曲子的编写及其精神内涵的体现，就属于非物质文化遗产。古琴艺术与古琴及古琴演奏家之间的关系很好地说明了非物质文化遗产与其物质载体、物化形式之间的关系。

2. 我国对非物质文化遗产的界定

《保护非物质文化遗产公约》所界定的非物质文化遗产的概念是面对世界各国、各种文化样式的，在很多方面并不完全切合我国的实际。所以，在联合国教科文组织公布《保护非物质文化遗产公约》之后，根据我国实际国情，国务院颁布了《国家级非物质文化遗产代表作申报评定暂行办法》，并对非物质文化遗产的定义重新作出界定：

非物质文化遗产指各族人民世代相传承的、与群众生活密切相关的各种传统文化表现形式（如民俗活动、表演艺术、传统知识和技能及与之相关的器具、实物、手工制品等）和文化空间。涵盖的内容包括六个方面：口头传统，包括作为文化载体的语言；传统表演艺术；民俗活动、礼仪、节庆；有关自然界和宇宙的民间传统知识和实践；传统手工艺技能；与上述表现形式相关的文化空间。

通过对非物质文化遗产的概念及内涵进行分析能够得知，非物质文化遗产的主要体现形式就是对人们的生活进行表达，虽然有很多非物质文化遗产需要在特定的形式下才能够呈现在人们面前，但是其主要形态则是在不断地活动中存在，并且依赖人们之间相互传播的形式进行传承与发展。活态流变性也是非物质文化遗产的主要特征。物质文化遗产是一种较为固态的文化形式，与之相对应的非物质文化遗产是活态的文化遗产，这一类文化遗产形式能够更加鲜明地体现出来。

我国是一个统一的多民族国家，历史悠久、幅员辽阔、文化灿烂，具有悠久的文明史，积淀着十分丰富又独特的优秀文化遗产。昆曲、古琴艺术、新疆维吾尔木卡姆艺术和我国与蒙古国联合申报的蒙古族长调民歌最早被联合国教科文组织列入《人类非物质文化遗产代表作名录》。

非物质文化遗产的申请能够使文化具有民族身份。并且，不同的文化代表着自身不可替代的民族文化的价值观念，而想要将一个民族的传统文化及实际的发展经历以最好的方式体现，就是让其申请非物质文化遗产。非物质文化遗产既是我国历史的见证者，也是文化不断发展的重要载体，其中蕴含着我国的民族精神意义、思想方式和创造力以及文化意识，表达着中华民族文化的创造力和生命力，是我国各族人民在历史的长河中，不断地通过自身努力与实践而得出的艺术成果，也是能够将民族和国家联系在一起的纽带。

保护和利用好非物质文化遗产，对继承和发扬民族优秀文化传统、增强民族自信心和凝聚力，实现经济社会的全面、协调、可持续发展具有重要意义。

中国非物质文化遗产标志，从整个布局来讲，外面是圆形，里面是方形，圆形代表循环，寓意生生不息，方形与外圆对应，体现了天圆地方的同根文化，方圆相生，渊源与共。中心的图形有鱼纹和抽象的双手。鱼纹是中华民族最早的图形纹样，其中隐含着文字，并且由于鱼在水里生活，鱼纹象征着中华文化源远流长，永垂不朽。鱼纹的造型又很像天井，说明非物质文化遗产出现在民间，并且在人们中得以流传。而"田"字形象是指人民与大地相连，我国的农耕文化在人们的思想中占据着重要地位。抽象的双手共同守护着文字，是指要小心呵护我国的非物质文化遗产，需要人们齐心协力，共同守护。

二、非物质文化遗产的特征

与人类物质文化遗产相比,非物质文化遗产有自己的特殊性。基于对非物质文化遗产的产生时间、空间、人文、社会及存续方式的逻辑分析,并参考一些专家学者的观点,将非物质文化遗产的特点概括为传承恒定性、活态流变性、民族性、地域性和多元性。

(一)传承恒定性特征

传承恒定性是指非物质文化遗产在被人类以团体或者个人的形式不断传承与发展的过程。非物质文化遗产中的传承性是由其自身的本质所决定的。人类遗产实际上就是人们留下的一些对后代人们有帮助和价值的内容,因此,传承性也是人类所有遗产的共同特征。非物质文化遗产也是一样的。

非物质文化遗产的存在与发展是通过物质作为载体实现的。非物质文化遗产的特殊性在于它是通过人们的传承,人们之间进行的精神层面的交流,比如口述、身体动作、观念等方式,是较为抽象的。人们对非物质文化遗产的传承主要是通过人的行为实现的。因此,作为传承人,需要不断地掌握文化知识,改变自己的观念。这种知识观念也是非物质文化遗产与传承之间存在的必然联系。

从历史的角度进行分析能够得知,非物质文化遗产的传承是需要人们一代代地传承下去的,一旦停止了传承,就会导致非物质文化遗产消失。非物质文化遗产在传承上,具有鲜明的民族特征,因此,传承人的选择需要与被选择者之间保持着亲密的关系。通过语言及文化传播等方式,能够使这些知识技能传到下一代的身上,正是这种传承的模式,才能够确保非物质文化遗产的传承能够永不停止。这些传承的行为使非物质文化遗产成为历史发展的见证者。

例如,北京智化寺京音乐,来源于明代宫廷礼仪音乐,是我国现有古乐中唯一按代传袭的乐种,至今保存完好。据传,明代太监王振将宫廷音乐的工尺谱私自移至寺中,配上700年前的唐代古谱,由家庙的艺僧习而演之,逐渐发展成集宫廷音乐、佛教音乐、民间音乐于一体的京音乐。京音乐长时间封闭演练，被囿于寺院这一方天地中，基本与世隔绝，它通过口传心授的古老方式，延绵传承了500余年，与西安城隍庙鼓乐、开封大相国寺音乐、五台山青黄庙音乐及福建南音，成为我国现存最古老的五种古乐。京音乐一直遵循严格的师承关系，在演奏姿势及技巧，甚至乐谱传承方面都非常严谨，比较完善地保留了古老的风貌。京音乐有明确纪年的工尺谱本，有特色的乐器、曲牌和词牌，有按代传承的演奏艺僧，传承至今，有古谱十余部，刊载曲牌600余首。北京智化寺京音乐保存了宋代古乐甚至更远的隋唐燕乐遗音，是国内、国际都罕见的完整、真实的古代音乐资料。

（二）活态流变性特征

非物质文化遗产在传播过程中是通过有意识地进行学习，再由他人进行指导，或者通过人们之间自发地进行交流学习互动，从而使文化遗产能够传播到本国或其他国家及民族中。这种传播的形式能够使其活态流变的性质呈现出来，并且能够使非物质文化遗产得到共享，这也是非物质文化遗产与物质文化遗产的重要区别之一。一般情况下，物质文化遗产的传播模式是复制的方式，而非物质文化遗产的传播方式则是活态流变，继承和变异、一致与差别的辩证结合。在其传播的过程中，经常能够与当地的文化特色及历史民族特征进行融合，从而能够呈现出继承与发展共存的状况。当然，这种流变是相对的，本质特征是恒定的，因而文化才能在传播中不断丰富和发展。比如端午节是我国的传统节日，在各国文化交流过程中传播到了韩国，韩国的端午节本质上仍旧是集拜神祭祖、祈福辟邪、欢庆娱乐和饮食于一体的节日，但是习俗与我国的端午节并不完全一致，而是融入了很多自身的风俗习惯及民族特色等，使端午节文化得到了发展与丰富。同样，作为联合国教科文组织公布的世界性非物质文化遗产代表项目，韩国的"宫廷宗庙祭祀礼乐"和越南的宫廷音乐"雅乐"都是从中国的宫廷流传出去并发展起来的，与中国的宫廷文化既相似又不同，毫无疑问，它们都融入了当地的文化元素并得以变化、发展。

非物质文化遗产重视人的价值及活的动态和精神等因素，并且十分重视技术的精湛及创造力。非物质文化遗产虽然具有物质的因素与载体，但是实际上的价值需要通过物质的形态才能表现出来，因此它是属于人类的活动范畴之内的，需要借助人类的精湛技艺及科技力量，才能够实现发展与传承。非物质文化遗产的表现和传承是通过人们的行为及语言实现的。针对非物质文化遗产的类型来分析，传统音乐和舞蹈及戏剧表演等艺术形式都是在动态的行为中才能够表现出来的，民俗及节庆等一些仪式的表现也是动态的过程，器物及物品的制作技术也是在人类动态的表现中完成的。总而言之，特定的价值观及生存的状态都是对非物质文化的活态流变特征进行体现。

（三）民族性特征

民族性是指在非物质文化遗产中的某一个民族独有的特征体现，包括这一民族的思维模式及智力表现，世界观、人生观及价值观，审美能力及情感表达等。特定的民族特征会出现在形式及内容的各个方面中。从民族自身的形式特征来看，民族的服饰、饮食、风俗、语言等都会受到自然环境的影响。从更深层次进行分析能够得知，世界观、人民信仰、思维方式和价值观等一些民族文化内容、心理结构、生活方式都是由民族在长期的发展过程中不断地积累而形成的。在民族的实际生活中和人们的行为处事上都具有明确的体现，并且是很难改变的一种形式，稳定性极强。实际上，民族特征的表达方式及内容在民族的非物质文化遗产的形态上，具有明显的表现。

我国的古琴艺术入选联合国教科文组织认定的世界人类口头和非物质遗产代表作名录，民族性是其重要的价值之一。古琴是中华民族最早的弹弦乐器，是中华传统文化中的瑰宝，位列"琴棋书画"之首，有鲜明的民族特色。古琴的演奏形式主要有琴歌和独奏两种。根据文献记载，先秦时期，古琴除用于宗庙祭祀、朝会、典礼等雅乐外，主要在士以上的阶层中流行，秦以后盛行于民间。关于以琴为声乐伴奏的形式，早在《尚书》中已有"搏拊琴瑟以咏"的记载。春秋战国时期，古琴的独奏音乐已具有一定的艺术表现能力，当时著名的琴曲如《高山》《流水》《雉朝飞》《阳春》《白雪》等，均已载入史册。在中国众多的音乐形式中，古琴艺术应当说是儒道两家在音乐中得以体现的集大成者。弹奏之人在古琴朴实低缓而又沉静旷远的声音中，由躁入静进而物我两忘，"独坐幽篁里，弹琴复长啸""致乐以治心，乐则安，安则久"。古琴艺术之所以能独树一帜并备受推崇，除了"琴德最优"，还因为古琴能够做到顺其自然，符合中华文化的特质。

古琴艺术的表现方式和表现内容都具有很强的民族性，具有鲜明的中国传统文化特色，这是其入选世界人类口头和非物质遗产代表作名录的重要原因。

（四）地域性特征

地域性是指非物质文化遗产在一定区域内产生、流传、发展，或者同一种非物质文化遗产在不同区域有着区域间各不相同的演化。很多时候，非物质文化遗产与当地的民风民俗相关，是一种区域性的习惯或与生活相关的活动，正是这种地方区域的环境、文化决定了非物质文化遗产的特点和传承。地域性既体现又强化了非物质文化遗产的民族性。

非物质文化遗产是经历了各时代传承并逐渐演化而来的，必然与它存在的地域有着千丝万缕的关系。同一种非物质文化遗产，在不同的文化背景下有着不同的面貌，传播到不同地区、不同种族会产生变异和发展，并深深打上该地区的烙印。

端午节是我国人民纪念屈原的传统节日，主要习俗为吃粽子和赛龙舟，表达追忆楚国大夫屈原高洁爱国的情怀。随着地域的不同，节日的内涵也不一样，在东吴一带，端午节是纪念沉尸于钱塘江的吴国大臣伍子胥。我国各地的端午节习俗各有不同。端午节在老北京的民俗中是一个大节日，与春节和中秋合称"三大节"，这一天皇帝可以不上朝，百姓需敬神祀祖纪念先贤，妇女可携子回娘家，朋友们可以借机聚会，呈现出热闹的节日景象。

(五)多元性特征

不同的非物质文化遗产具有不同的形态,非物质文化遗产具有多元性的特征,这种多元性是随着非物质文化遗产的实际内容产生的。非物质文化遗产是人类发展过程中留下的精神财富,并且体现出不同地区和民族的群体特征及人们的精神发展过程,在不同的时期、不同的地点及不同的民族,非物质文化遗产都会呈现出不同的形态。

例如,中国拥有多种纺织和刺绣的工艺。蚕桑丝织是被人们认同的文化标识,包括杭罗、绫绢、丝绵、云锦、蜀锦、宋锦等织造技艺及轧蚕花等丝绸生产习俗。不同的民族有不同的纺织技艺,不同地区的人民更是创造了多种纺织技艺,这些都是宝贵的纺织技艺类的非物质文化遗产,体现了非物质文化遗产的多元性。

黎族传统纺染织绣技艺是黎族妇女创造的一种纺织技艺,它集纺、染、织、绣于一体,用棉线、麻线和纤维等材料做衣服和日常用品。黎族妇女从小就从母亲那里学习扎染、双面绣、单面提花织等纺织技艺,母亲通过口传心授的方式传授技能。黎族妇女凭借丰富的想象力和对传统样式的记忆来设计图案,在没有书面语言的情况下,这些图案记录了黎族的历史、文化、民俗。作为黎族文化的载体,黎锦的传统纺织技艺是黎族文化遗产中必不可少的一部分。

南京云锦是我国汉族优秀传统文化的杰出代表,因其绚丽多姿,美如天上云霞而得名,其浓缩了中国丝织技艺的精华,有"寸锦寸金"之誉。南京云锦与成都的蜀锦、苏州的宋锦、广西的壮锦并称"中国四大名锦"。在古代丝织物中,"锦"是代表最高技术水平的织物。南京云锦位列中国四大名锦之首,在元明清三代都是皇家御用的贡品,在几百年的发展历程中,不断创新、改进和吸纳其他艺术的精华,集历代织锦工艺之大成。由此可见,传统手工艺的纺织和刺绣技艺有许多不同的表现形态,充分体现了非物质文化遗产的多元性。

第二节 非物质文化遗产的价值

非物质文化遗产作为一个重要问题被联合国教科文组织提出，并通过《保护非物质文化遗产公约》要求在世界范围内开展相关的保护工作，是建立在对非物质文化遗产价值认识和价值诉求的基础之上的。

非物质文化遗产作为一种人类的文化遗产，早在人类蒙昧时期就已经出现并被人类按照追求价值的规律享用和传承。当下，人类对非物质文化遗产的宣传和保护，仍然是出于价值追求的考虑。那么，非物质文化遗产作为一种文化遗产，它究竟对人类有什么价值呢？

一、记忆价值

一个人一旦丧失了记忆，会感到恐慌和无所适从，从而不能正确评价和把握自己的现状和未来。同样，一个民族、国家若丧失了记忆，没有了历史，也会陷入恐慌和无所适从的境地。所以，人类离不开记忆，离不开历史。

联合国教科文组织前总干事马约尔在《文化遗产与合作》的前言中说："保存与传扬这些有历史性的见证，无论是有形文化遗产还是无形文化遗产，我们的目的是唤醒人们的记忆。……事实上，我们要继续唤醒人们的记忆，因为没有记忆就没有创造，这也是我们对未来一代所肩负的责任。"[1]《联合国教科文组织发展纲要》中提到："记忆对创造力来说是极端重要的，对个人和各民族都极为重要。各民族在他们的遗产中发现了自然和文化的遗产，有形和无形的遗产，这是找到他们自身和灵感源泉的钥匙。"[2]

人类为了保存和研究自己的记忆，便产生了历史学。正如罗素所讲："在

---

[1] 乌丙安."人类口头和非物质遗产保护"的由来和发展[J].广西师范学院学报,2004(3)：5-11.
[2] 王彦达,魏丽,马兵.民族文化的现代化是少数民族文化传承的趋势[J].满族研究,2005（2）：29-33.

所有人类借以获得知识国度里的公民权的各种研究之中，没有任何一种是像对过去的研究那样不可或缺的了。懂得世界是怎样发展到了我们的个体记忆所从而开始的那一点，懂得我们所生活于其中的各种宗教、各种制度、各个民族是怎样变为它们现在的样子，其他时代的伟大人物、熟悉与我们自身大为不同的各种习俗和信仰——所有这些东西，对任何有关我们自己地位的意识、对任何摆脱于我们自己教育上的偶然境遇，都是不可或缺的。历史学之价值，不仅仅是对于历史学家，不仅仅是对于档案和文献的专业学者，而是对于一切能对人生进行思考性的观察的人。"①

人类记忆历史主要采取两种方式，一是以文字记载为主，辅以史迹、遗物、图像等形象史料，比较系统、逻辑地叙述某个民族、国家的历史；二是通过世代口传心授方式记录、叙述某个民族、国家或地区的历史。这代表了两种不同的文化记忆：前者更多代表社会强势群体或话语权拥有者的记忆，往往以所谓"正史"面貌呈现，如中国从殷商的甲骨卜辞，以及《尚书》《国语》《春秋》《战国策》等先秦史录到以《史记》开始的"二十四史"，从其内容和倾向看，更像是帝王的家谱史；后者则更多代表社会弱势群体或不具有话语权者的记忆，往往以所谓"野史""杂谈"或神话、传说、史诗、民歌等面貌呈现，如野史笔记、民族史诗和民间传说等，除少数后来被文字记载或整理外，多数通过民间口传心授流传，从其内容和倾向看，则更像是普通老百姓的历史，也是一个民族、国家真正的历史。

民间口述神话、传说、史诗、民歌等，就性质而言都属于非物质文化遗产，就价值而言则都是人类的历史记忆。研究古代非洲帝国和非洲文明的著名学者 A. 哈姆帕特·巴为了撰写《马西纳富拉尼帝国史》，曾耗费 15 年时间，在非洲大陆广泛收集有关该帝国的历史传说，记录了至少 1000 个人的讲述。他得出的结论是："我发现，整个说来，这一千位陈述人尊重了事实真相。历史的主线处处相同。"更加令人惊奇的是，当他把这些传说与半个世纪前收集的

---

① 罗素. 论历史 [M]. 何兆武等, 译. 桂林：广西师范大学出版社, 2001：1.

同一传说相对照时，竟然只字未变。概言之，非洲人的记忆记下了史实的整个实况：环境、人物及其言谈，甚至包括细微末节。

保护研究史诗作为一种非物质文化遗产，在人类文化发展史上占据着重要的位置。希腊史诗、印度史诗、巴比伦史诗、芬兰史诗等都成为一个民族或一个国家文化的象征和文明的丰碑。从希腊神话《伊利亚特》和《奥德赛》、苏美尔神话《吉尔伽美什》、印度神话《罗摩衍那》和《摩诃婆罗多》、日耳曼神话《尼伯龙根之歌》、盎格鲁-撒克逊神话《贝奥武甫》，到法兰西的《罗兰之歌》、西班牙的《熙德之歌》、古罗马的《埃涅阿斯纪》，世界上所有的古老文明都在远古留下它们的故事和歌谣。史诗不仅是民间文化的宝库，民族精神的标本，更是一个民族的心灵记忆。

黑格尔认为，史诗是一种用韵文形式记叙对一个民族命运有着决定性影响的重大历史事件以及歌颂具有光荣业绩的民族英雄的、规模宏大的、风格庄严的古老文学体裁。它所表现的并不是主体的空洞情感或纯粹个人的偶然幻想，也不是少数人的孤立的狭隘行为，而是"全民族的大事"以及"全民族的原始精神"。"每一个伟大的民族都有这样绝对原始的书，来表现全民族所特有的原始精神。""只有一个时代、一个民族的精神才是史诗的有实体性的起作用的根源"，也只有"一种民族精神的全部世界和客观存在，经过用它所对象化成为具体形象，即实际发生的事迹，才能构成正式史诗的内容和形式"。① 唯其如此，一部史诗才成为一个"民族精神标本的展览馆"和具有永久价值的全民族的经典。

三大英雄史诗——《格萨尔》《江格尔》《玛纳斯》，分别是藏族、蒙古族和柯尔克孜族的民族历史记忆。其中，《格萨尔》是 11 世纪以来，在藏族和蒙古族古老的神话、传说、故事、歌谣、谚语等民间文学的基础上，由民众集体创作和世代传承的，也是世界上迄今发现的规模最大、演唱篇幅最长的英雄史诗。《格萨尔》共有 120 多部、100 多万行诗行、2000 多万字，篇幅远

---

① 黑格尔. 美学 第 3 卷下 [M]. 朱光潜，译. 北京：商务印书馆，1981.

远超过世界几大著名史诗的总和。整部史诗分为三个部分：降生、征战、返回天界，通过讲述格萨尔凭借自己非凡的才能和诸天神的保护，降妖伏魔、锄强扶弱，给人间带来幸福与安宁的传奇故事，展示了古代藏族社会从以血缘关系为纽带、以部落联盟为核心组成的部族向以地缘关系为纽带的民族共同体的演变的历史面貌，是关于古代少数民族社会历史、民族交往、道德观念、民风民俗、民间文化等的百科全书，这部口头传承千年的宏伟史诗，被国际学术界称作"东方的《伊利亚特》"。

传说、史诗之外大量存在的非物质文化遗产如传统音乐、传统戏曲、传统舞蹈、曲艺、杂技与竞技、传统手工技艺、民间美术、传统医药、民俗等都是人类的记忆，它们共同构成丰富多样且多层的人类记忆宝库。其中，有通过音乐、戏曲、舞蹈、美术、曲艺等形式展示的人类认识美、创造美的历史记忆，有通过杂技与竞技、传统手工技艺、传统医术等形式展示的人类技巧、技艺、医术发展的历史记忆，更有通过民间信仰、传统节日、传统仪式等形式展示的人类宗教性、群体性、仪式性心灵活动的历史记忆；有家族的历史记忆，有族群的历史记忆，有地区的历史记忆，也有国家的历史记忆。

人类有了对自己过去实践、认识和心灵的记忆，才有了把握现实和未来的参照，才能不断调整自己的实践、认识和心灵的方向，使自己沿着正确的道路前进。所以，人类要重视自己的历史，不仅要重视文字与物质文化遗产记录的历史，更要重视非物质文化遗产记录的历史。从某种意义上讲，后者比前者更重要，因为非物质文化遗产是活着的文化传统，是通过人类代际之间直接精神交流来传承的文化，它所记录的历史比文字与物质文化遗产记录的历史更直观、更真实、更全面、更生动。从人类诞生到今天，用非物质文化遗产表达自己思想比用文字与物质文化遗产表达自己思想的人要多得多。

二、传承价值

非物质文化遗产作为人类生活的代际文化，不仅保存了人类过去的文化足迹,是人类追忆过去、缅怀历史的载体,而且展示了人类文化发生、发展与演变的历程,是人类继承并发展文化传统的对象与媒介。

非物质文化遗产与物质文化遗产最大的不同在于非物质文化遗产是一种代际传承的、正在进行的、活的文化实践过程,物质文化遗产是一种过去完成的、死的文化实践结果。这种不同,直接决定了二者在文化传承方式与内容上的不同。与物质文化遗产主要通过继承人类祖先的"遗留物"来感知和传递文化不同,非物质文化遗产是通过重复参与祖先的"饱含某种精神的实践"来传递和发展祖先的"某种精神"。显然非物质文化遗产比物质文化遗产能够更直接、更生动、更有效地传承人类文化。因为人类通过重复参与祖先曾从事过的相同或相似的文化实践,往往能体会到祖先从事这一文化实践的感受和心情,在心灵上对祖先有一种亲近感,从而对祖先的某种精神产生认同,自觉而有效地传递这种精神。这种精神正是一个具有共同祖先的群体、民族或国家的凝聚力的具体体现。

大量关于村落、社区、民族、地区和国家非物质文化遗产传承的个案考察,都表明了非物质文化遗产的文化传承价值。非物质文化遗产的文化传承价值具有多样性,因地区、民族的不同而不同,呈现出地域性、民族性等特点;因非物质文化遗产表现形式的不同而不同,既表现为民族心理、民族习惯、信仰、宗教、思想等观念、精神的传承,又表现为音乐、舞蹈、美术、曲艺、戏剧等艺术观念和能力的传承,还表现为体育竞技、杂技、手工技艺、中医药知识和技能等应用性知识和技能的传承。

几乎每个民族都有祭祀神灵或纪念祖先的非物质文化遗产活动。对于土家族而言,这种活动被称为"茅古斯",土家语为"古司拨铺",意即"祖先的故事",汉语多称为"茅古斯"或"毛猎舞"。它是土家族为了纪念祖先开拓荒野、捕鱼狩猎等创世业绩的一种原始表演形式,流行于湘西永顺、龙山、古丈等土家族地区。主要在每年岁首的土家族摆手舞中作穿插性表演,也有在一定场合的单独表演。茅古斯以近似戏曲写意、虚拟、假定等技术手法,表演土家族祖先渔猎、农耕、生活等内容，既有舞蹈的雏形，又具有戏剧的表演性，两者杂糅，形成浑然一体的祭祀性舞蹈。茅古斯这种非物质文化遗产实践的传承价值表现为三个方面：其一，祭祀、纪念祖先，传承祖先的开拓精神；其二，展示传统的渔猎、农耕等生产过程，传承民族生产和生活知识与技能；其三，采用舞蹈、道白等方式模拟远古先民劳动和生活的故事情节，传承艺术观念和技能。对于藏族而言，传颂民族史诗《格萨尔》就是传承藏族的民族精神。民族精神是一个民族赖以生存和发展的精神支撑，是一个民族特有的精神风貌，它是民族文化、民族智慧、民族心理和民族情感的客观反映，是一个民族价值取向、共同理想、思维方式和文化规范的集中体现，从本质上说，民族精神集中了一个民族文化的精华，是一个民族文明程度的重要标志。民族精神还是维系民族生存和发展的精神纽带，是民族发展的动力，是一个民族自立于世界之林的支柱。人类社会发展的历史证明，没有强大的物质力量，一个民族不可能自尊、自立、自强；没有强大的精神力量，一个民族同样不可能自尊、自立、自强。在果洛甘德县有一个德尔文部落，德尔文部落的人说自己是格萨尔的后代，所以，他们家乡的山山水水都有关于格萨尔的风物传说，而且这个部落的人从几岁的孩子到80多岁的老人，每个人都会说唱一些格萨尔。这个部落也出了几名优秀的说唱艺人，其中有一名说唱艺人在2004年去北京，在纪念《格萨尔》千年大会上给大家演唱。在这个部落中人们都认为他们有一种责任、一种使命，要说唱《格萨尔》，要弘扬格萨尔的丰功伟绩，要把传统的格萨尔延续下去。

陇东的"鹿头花"剪纸，反映了早期狩猎、农业采集时代"鹿角崇拜""物候历法"的文化内涵，今天陕北、山西、河北等黄河流域乡村大量的"瓶里插花"剪纸纹样，即"鹿头花"原型的变体，其中传承遗存着早期农业文化的信息。还有许多古老的民俗礼仪，也都和早期农业文化有着直接的联系，如南方的傩戏、北方的社火、淮阳的人祖庙会、陕北的"转九曲"，以及少数民族诸多的习俗节日和祭祀节日。

刘魁立在《从人的本质看非物质文化遗产》中说:"河北省内丘县的一些妇女,每年围绕农历七月初七都会进行一项民间信仰活动:制作她们的'天棚'和'地棚'。在大约 6 平方米大小的纸上粘贴她们制作的剪纸,剪纸的内容是关于牛郎织女鹊桥相会的情景和她们心目中天上的星宿结构等(天棚),以及'地母'——后土娘娘、'驮载大地'的鳌鱼、往来于人间和彼界的舟船等(地棚)。做好之后,在七月初七这一天,祭拜'天棚'和'地棚',然后焚烧。制作天棚、地棚的最终'目的'不是欣赏,不是展示,而是'焚烧'。制作就是为了最终'销毁',而'销毁'则意味着更高层次的'存在'。这一活动的性质既不像'黛玉焚诗',又与职业艺术家的审美实践有着根本的区别。这种集信仰、审美以及其他于一身的活动的本质性内涵,不体现在具体的物质对象当中,仅仅是外在的物化了的介体、方式和手段。这项活动的本真意义,尽在参与活动人们的心里,在他们意念中的上界对象的心里,在人与上界的联系当中,在整个活动过程当中。"[①]

三、审美价值

经考古发现,人类早在原始时代就有了审美意识和审美活动。许多非物质文化遗产都具有很高的审美价值。非物质文化遗产的审美价值总是和记忆价值、传承价值相联系,甚至依附于二者。

非物质文化遗产的审美价值是不断变化发展的。非物质文化遗产审美价值的被发现和被发展,对非物质文化遗产曾经产生了两个方面的影响:一方面,它使一部分非物质文化遗产因脱离它所生存的土壤而导致衰落或死亡;另一方面,它使一部分非物质文化遗产因为受到权力话语者的重视、保护而获得发展的条件和机遇。

非物质文化遗产与物质文化遗产在审美价值上相比具有自己的特点:物质文化遗产的审美对象是物本身,人类通过物来观照凝聚其中的美,审美者

---

① 刘魁立.从人的本质看非物质文化遗产 [J].江西社会科学,2005(1):95-101.

不参与美的创造活动；非物质文化遗产的审美对象是活动过程，人类通过对活动过程的整体（包括其中的人与物）的把握来体验其中的美，审美者参与美的创造活动。

马克思说："任何神话都是用想象和借助想象以征服自然力，支配自然力，把自然力加以形象化；因而，随着这些自然力被支配，神话也就消失了……希腊艺术的前提是希腊神话，也就是已经通过人民的幻想用一种不自觉的艺术方式加工过的自然和社会形式本身。"①

"联合国教科文组织认识到一个国家的有形文化是一个民族的标志，那么民间的非物质文化遗产（主要指活态文化遗产）也同样是识别一个国家和民族的标志，重要的是这些活态的文化遗产是一个民族向现代发展的生命源泉，是民族凝聚力和情感动力的源泉。比如，哈尼族对'梯田文化'的热爱是其他民族不能比拟的，从儿童的'梯田游戏'到成人和梯田相关的礼俗十分丰富，并且很高级，也很现代。但农民仍是自发地传承文化，不是一种自觉的文化意识。"②

四、基因价值

生物的多样性是由生物基因的多样性决定的。每种生物都有自己特殊的基因，改变生物基因是改变生物品种的重要手段。中国工程院院士袁隆平在1964年首先提出培育"不育系、保持系、恢复系"三系法利用水稻杂种优势的设想，1970年与其助手李必湖和冯克珊在海南发现一株花粉败育的雄性不育野生稻，成为突破"三系"配套的关键，育成中国第一个大面积推广的强优组合"南优二号"，并研究出整套制种技术，被誉为"杂交水稻之父"。袁隆平的成功与其发现了野生水稻基因密不可分。所以，保持生物多样性是生

---

① 中共中央马克思恩格斯列宁斯大林著作编译局.马克思恩格斯选集 2[M].北京：人民出版社，2012.
② 乔晓光.交流与协作 中国高等院校首届非物质文化遗产教育教学研讨会文集[M].北京：西苑出版社，2003：15.

物可持续发展也是人类社会可持续发展的条件。为此，人类制定了一系列的法规来保护生物基因的多样性存在。

同样，人类文化也存在可持续性发展的问题，而且这种发展对人类的影响更大。而要促进人类文化的可持续发展，就不能不在文化基因多样性保护上下功夫。人类经济的迅猛发展，不断威胁着文化的多样性存在。经济要全球化，那么文化是否也要全球化？全球化将给人类文化带来何种灾难？这些问题愈来愈引起人们的思考和重视。

与经济全球化发展过程中遇到的"国家堡垒""地区堡垒"一样，在文化面临全球化冲击的过程中，许多国家和地区纷纷发起"民族文化保护"运动。对这些新问题，理论界并没有做好思想准备，还不能提出一个超前的理论去引导人们。

借鉴生物多样性保护的成果经验，人类感觉到了文化多样性保护的重要。在所有人类文化中，既能体现多样性又具有活力的文化，就是非物质文化遗产。非物质文化遗产为人类提供了丰富的、可持续发展的文化基因。1993年，德国英玛格（Enigma）乐团撷取我国台湾地区阿美族马兰社部落郭英男和夫人所演唱的《老人饮酒歌》的原音创作了《*Return to Innocence*（返璞归真）》，创造了惊人的数百万张销售数量纪录，但没有人知道这美丽的旋律竟是来自台湾地区阿美族的郭英男夫妇。1996年，亚特兰大奥运会使用《*Return to Innocence*》作为宣导片主题曲之后，引爆了世界性音乐著作及权益的争议话题。随后，郭英男经由所属魔岩唱片公司向奥委会、美国EMI唱片公司提出控诉。这是第一个因为侵犯知识产权而引起的跨国性官司，所涉及的被告包括英、法、美、德四国。这例文化侵权案充分说明非物质文化遗产具有丰富的基因价值。

非物质文化遗产最大的特点就是不脱离民族特殊的生活生产方式，不脱离具体的民族历史和社会环境，是民族个性、民族审美的"活"的显现。

2000年5月4日，联合国教科文组织总干事松浦晃一郎在日内瓦"瑞士国际政治论坛"上的报告《多元文化的保护和开发》中说："全球化趋势可能成为世界各民族密切关系的一个有利因素。但是不应因此而导致世界文化的一体化发展，不应该让一种或几种文化去支配其他文化，也不应该导致文化肢解性或同一性的重合。我主张要把人类文化多样性的保护和开发摆在一切工作的首位。"

五、学术价值

联合国教科文组织指出，人类非物质文化遗产代表作应该在历史、艺术、人种学、社会学、人类学、语言学及文学方面有特殊价值，实际上是在强调非物质文化遗产对相关学科的学术价值。

非物质文化遗产的学术价值，表现在三个方面：第一，它是诸如历史学、艺术学、人种学、社会学、语言学、文学、民俗学、建筑学、工程学、工艺学、医学、体育学、舞蹈学、音乐学等学科的研究对象；第二，它为各门科学研究提供了丰富的研究材料；第三，它为各门具体科学研究提供了新的方法和思路。

非物质文化遗产的历史学价值在于其对"正史""书面历史"进行拾遗补阙，或者修正。对人类口传、行为文化历史的关注，对人类史前文化的关注，对人类弱势文化的关注，对文化历史与当下关系的关注，是人类历史观的进步，是历史学研究实践的进步。

非物质文化遗产的艺术学研究视野不再局限于专业艺术领域，变得更为广阔，也使得艺术学研究更加切近艺术活动，更具有科学的意味。莫·卡冈在《艺术形态学》中指出："民间创作顽固地保留着原始艺术固有的两个方面的混合性，而在艺术生产发展中这种混合性却受到目的明确的和坚决的遏制，导致艺术创作从人类活动的其他所有形式中独立出来，并导致了艺术掌握世界的各种方式（样式、种类和体裁）的内部划分。"[1] 罗伯特·戈德沃特在《现

---

[1] 莫·卡冈.艺术形态学[M].凌继尧，金亚娜，译.北京：生活·读书·新知三联书店，1986：208.

代艺术中的原始主义》中也说:"原始人的艺术扩展了我们有关什么是'艺术'的观念,使我们明白艺术可以有多种形式,可以扮演多种角色,也可以是综合意义和歧义的代表。原始艺术因此而意义深远。"①

非物质文化遗产的人种学价值在于为人种差别与平等理论提供了丰富的证据材料,也为人种、民族学的科学发展创造了条件。印第安人有这样的神话传说:远古时代,地球上没有人类,"大者"便修筑一个烘炉,捏了三个面人烘烤。过了一会儿,"大者"从炉中取出第一个面人,因为火候不到,这个面人的颜色十分惨白,这就是现在白人的祖先;又过了一段时间,"大者"从炉内取出第二个面人,这个面人火候恰好,颜色微黄浅棕,这就是印第安人的祖先,"大者"看了十分高兴,竟忘了炉内的第三个面人;待"大者"想起炉内还有一个面人并取出来时,火候过了,这个面人的颜色便又黑又焦,这就是黑人的祖先。这个神话传说对我们了解印第安人的人种观念具有重要的参考价值。非物质文化遗产的社会学价值在于社会学所关注的制度文化、行为文化、民俗文化、原始社会等都是非物质文化遗产学所关注的范畴,非物质文化遗产特别关注的原始、民间文化及文化的集体、社会、阶层性都对社会学研究具有重要的资料和方法论意义。

非物质文化遗产的语言学价值在于以下三个方面:一是指语言多样性的价值,如濒危语言、稀有语言的科学价值;二是指无文字语言的语言学价值和"口头"价值;三是指不同语言所负载的不同民族文化的价值。根据国外学者统计,世界上已经查明的语言有6800种,有数以千计的语言处于濒危状态,包括170种北美印第安语言、280种西非语言等。非物质文化遗产对濒危语言的关注,可以在一定程度上改善语言的生存处境。

非物质文化遗产的文学价值表现在以下三个方面:第一,确定文学研究的新领域——非物质文学遗产研究;第二,开拓了文学研究的新思路——生态思维;第三,奠定了文学研究的新方向——研究与保护、传承紧密结合。

---

① 罗伯特·戈德沃特.现代艺术中的原始主义[M].殷泓,译.南京:江苏美术出版社,1993:4.

把文学分为物质文学与非物质文学是非物质文化遗产概念对文学的一个重要启示，也是文学研究从偏重书面的、文人的文学向口头的、民间的文学转换的一个标志。

非物质文化遗产的科学认识价值在于：某些非物质文化遗产本身就具有相当高的科学含量和内容，有较多的科学成分和因素。例如，民族传统历法，如果能较好地解决计时和指导农、副、渔业生产的问题，就一定具有相当的科学内容和价值。我国传统历法——农历，就较好地解决了计时和指导生产生活两大问题。农历又称阴历，实质是阴阳历，它早在秦汉时期就已形成。农历根据天体运动规律计时，安排大小月、闰月、平年和闰年，有良好的实用性和极高的科学性。农历中二十四节气的划分综合考虑了天文、气候、季节、物候、农作物生长等情况，反映了古人在与自然相处的过程中，对自然界的发展运行规律在一定程度上的科学掌握和认识，以及人作为自然界的一部分对这些规律的合理运用，因而长期以来很好地指导了农、副、渔业生产。

第三节　非物质文化遗产保护的意义

一、维护世界文化多样性

联合国教科文组织于 1972 年颁布的《保护世界文化和自然遗产公约》指出，"保护不论属于哪国人民的这类罕见且无法替代的财产，对全世界人民都很重要"，"考虑到某些文化遗产和自然遗产具有突出的重要性，因而需作为全人类世界遗产的一部分加以保存"。联合国教科文组织于 1989 年颁布的《保护民间创作建议案》强调："民间创作是人类的共同遗产。"

1998 年，联合国教科文组织颁布的《宣布人类口头和非物质遗产代表作条例》强调，文化遗产是"各国人民集体记忆的保管者，只有它能够确保文化特性永存"。2001 年《世界文化多样性宣言》指出："文化在不同的时代和不同的地方具有各种不同的表现形式。这种多样性的具体表现是构成人类的各群体和各社会的特性所具有的独特性和多样化。文化多样性是交流、革新和创作的源泉，对人类来讲就像生物多样性对维持生物平衡那样必不可少。从这个意义上讲，文化多样性是人类的共同遗产，应当从当代人和子孙后代的利益考虑予以承认和肯定。"2002年，《伊斯坦布尔宣言》强调："无形文化遗产的多种表现形式从主要方面体现了各民族和社会的文化特性，无形文化遗产是全人类的共同财富。"文化全球化是当今世界不可逆转的一大趋势，不仅各国际性组织纷纷通过国际性文件多次强调对非物质文化遗产的保护与世界文化遗产多样性的维护工作之间存在重要联系，而且许多中国学者也对非物质文化遗产的保护的意义进行了说明。

费孝通说："20世纪是一个世界性的战国世纪。""未来的21世纪将是一个个分裂的文化集团联合起来，形成一个文化共同体，一个多元一体的国际社会。"[1] 此处的"文化共同体"对应当今文化全球化的现象。"文化全球化是指世界上的一切文化以各种方式，在'融合'和'互异'的同时作用下，在全球范围内的流动。"[2] 其中的"融合"即各种文化之间的交流、借鉴，"互异"则指它们彼此是不同的，不同的文化会各自呈现出各自的特色。文化全球化的内涵在于各种文化群体在这个正在互相融通的世界里保持自我个性，充满自信地在世界文化之林傲立。这既不意味着弱势文化被强势文化吞没同化，更不等同于某一种文化的扩张和垄断，也不是所有文化都走向同一个方向。与此同时，我们要意识到，在文化全球化的过程中，各种文化互相渗透、彼此借鉴，世界上的各文化群体的人员、技术、资金及意识形态不断进行流动交融。文化的多向流动过程中产生的多元、多重组合形式就是全球化文化，存在差异的流动方式会造就不同的文化存在场所。我们应当明白，世界文化由东方文化和西方文化共同构成，传统文化和现代文化都是世界文化的一部分，其中对非物质文化遗产的保护对于维护世界文化多样性具有非常重要的意义。

---

[1] 费孝通. 从反思到文化自觉和交流 [J]. 读书，1998（11）：4-10.
[2] 但海剑. "文化全球化"概念的界定 [J]. 武汉教育学院学报，1999（4）：11-14.

二、促进文化交流，建设和谐社会

《国际文化合作原则宣言》早在1966年就已经由联合国教科文组织颁布。时任联合国秘书长安南曾于1998年在联合国大会上表示，多样性对于不同文明而言既是对话的基础，又是它们务必进行沟通的现实。1998年，联合国大会第22号决议《不同文明之间的对话》指出："人类不同文明的成就，体现了文化多元性和创造性的人类多样性"，重申"不同文明的成就构成人类的共同遗产，是全人类灵感和进步的源泉"，大会欢迎"国际社会集体努力，在第三个千年来临之际通过不同文明之间的建设性对话促进理解"。大会还公开将2001年确定为联合国不同文明之间对话年。在此之后，每年的5月21日被联合国教科文组织定为"世界文化多样性对话和发展日"。2003年通过的《保护非物质文化遗产公约》，进一步指出非物质文化遗产在加深人与人之间的联系、促进人们之间的交流和理解的方面，能够起到不可估量的作用。以上所述能帮助我们更加深刻地理解文化多样性的意义和作用，具有宝贵的价值。

20世纪60年代，世界上有50多个国家参与的对埃及努比亚遗址进行整体移位的文化保护工作，就已经有力地证明了保护文化遗产有利于开展不同文化间的对话和交流，可以促进社会和平发展的这一论断。非物质文化遗产是人类文化精神的结晶，里面凝结着人类最普遍的智慧和思想资源，是当代人学习和借鉴的知识宝库。尤其是当全球化和现代化给社会带来许多问题和危机时，我们必须竭尽所能寻求各方面的智慧、搜寻所需资源，以解决经济全球化无法解决的问题。当今我们所拥有的绝大多数非物质文化遗产都是由各民族或族群、社区的先民在当时独特的生产条件和生活方式下，为了解决当时的某种特殊的社会问题或规避某种存在于当时特殊环境中的风险而创造并遗留下来的。非物质文化遗产之所以是当代人类的瑰宝，是因为它们是蕴含着值得为我们借鉴的精神内涵和思维方式的世代流传下来的智慧的结晶。我们可以在各种非物质文化遗产中看到先贤们在缔造和规整人类社会秩序、处理人与自然及宇宙的和谐关系、治病强身等方面富有智慧和创造力的问题处理技巧和解决问题的思维方式。保护非物质文化遗产，可以为解决当前社会中出现的各种严重的社会问题提供可资借鉴的经验和方法，为建设和谐社会发挥重要的作用。

三、彰显我国文化的民族性和丰富性

联合国教科文组织十分重视非物质文化遗产的民族性，曾在《伊斯坦布尔宣言》中表示，对许多民族而言，非物质文化遗产既是该民族的识别标志，又是能维系其社区生存的生命线，还是该民族发展的重要源泉，"无形文化遗产的多种表现形式从主要方面体现了各民族和社会的文化特性"。《宣布人类口头和非物质遗产代表作条例》中的申报规定清楚地提出要求："列入《名录》的作品必须是……突出代表民族文化认同，又因种种原因濒于失传的文化表现形式"，同时将民族性视为重要标准来评定非物质文化遗产，看"其是否具有确认各民族和有关文化社区特性之手段的作用，其是否具有灵感和文化间交流之源泉以及使各民族和各社区关系接近的重要作用，其目前对有关社区是否有文化和社会影响"。对于中华民族而言，被列入代表作名录的非物质文化遗产项目，都是中华民族祖先集体智慧的结晶，历经了数十代人的完善和长时间的考验，代表着中华民族文化的突出成就，是具有中华民族特色的"文化活化石"。同时，这些非物质文化遗产项目分属各个文化领域，种类繁多、知识丰富，充分体现了我国文化遗产的丰富性，保护它们就是保护我国文化遗产的丰富性，让人类认识它们、共享它们，就是彰显我国文化的丰富性。

四、促进我国文化创新发展

一种文化要发展，文化创新作为其生命之源是不可缺少的，文化创新的灵感源泉正是文化遗产。所有的民族在无文字时期时，都以口承文化记录自己的传统智慧及精神活动，那是各民族在当时的历史条件下唯一的理论概括形式，是他们文明的源头。口承文化堪称不成文的百科全书，从内涵方面出发，

口承文化是一个民族在特定历史条件下通过口头语言方式传承下来的整个精神文化及全部物质文化的理论和经验总结的总和；从外延角度出发，口承文化包含了将口头语言作为承载载体的全部定型作品及各种民间说法。非物质文化遗产在口承文化中是非常重要的一部分，是最具原生态的、最有活力和创造力的文化精品，是现代文化最高的创作范本，可以给予现代作家提供文化创造的灵感和激情，拥有永久的文化魅力。

五、推动我国文化事业、产业发展

2005年3月26日，国务院办公厅发布的《关于加强我国非物质文化遗产保护工作的意见》明确指出：该项工作要在"合理利用"的原则下开展，即在有效保护的前提下合理利用，而合理利用的一部分就是提高文化事业的服务档次和促进文化产业的发展。

我国的文化事业和产业发展拥有极其丰富的文化资源宝库，我们可以从作为精神资源的非物质文化遗产中找到其中蕴含的传统文化的根源，以及埋藏于其中的中华民族文化的原生状态和我们这个古老民族独特的思维方式。

对我国非物质文化遗产进行保护，有助于我们在进行文化创新、推动民族文化现代化的过程里，通过探究先人的智慧来掌控、主导我国文化发展；有助于我们在拓展传统文化生存发展空间、维护国家文化安全和文化主权方面掌握主动权；有助于实现我国社会主义文化与经济的协调发展，使文化发展生生不息；有助于推动社会对认识世界遗产对于文明意义和价值的重要性，并且承担维护人类文明的国际责任；有助于推动我国文化事业与人权发展相结合、落实公民文化权利，使包括非物质文化遗产参与者在内的各方群体的文化需求得到满足；有助于推动我国全面保护历史文化遗产，推广传统文化，维护文化的延续和发展；有助于加深国际社会对中国传统文化（尤其是丰富多彩的民族民间文化）的了解，从而推动国际友人对我国陈旧落后面貌印象的改观；有助于增进各地华人对传统文化的了解和传承，使他们的民族认同感和文化自信心得到提高，从而提高民族凝聚力，进一步加快中华民族伟大复兴的步伐。非物质文化遗产是我们民族文化的骄傲，抢救并保护它们是我们每个中国公民义不容辞的责任和义务。

第四节　非物质文化遗产的保护原则

非物质文化遗产的保护是一项长期的、系统的实践工程，涉及各方面的利益和要求。因此在实施这项工程时，既要考虑非物质文化遗产自身的规律和特点，又要考虑非物质文化遗产现状，还要考虑非物质文化遗产保护的不同主体的不同价值诉求等，当然还要借鉴人类在物质文化遗产保护和自然生态保护中的经验，要吸取人类此前在保护非物质文化遗产领域的经验教训。非物质文化遗产的保护应该遵循以下七个原则：

一、延续生命力原则

保护非物质文化遗产，就是要确保它的生命力，这是由非物质文化遗产的本质所决定的。非物质文化遗产是一种具有生命力的活态的精神。保护这种精神遗产就是确保其在代际传承时保持其固有的生命力。这就是非物质文化遗产保护的延续生命力原则。

在理解延续生命力原则时，不能把非物质文化遗产的生命与自然的生命等同，虽然我们对非物质文化遗产生命力的理解在一定程度上受自然生命力观念的影响。自然的生命力是由许许多多个体的生命构成的，每个当下的个体生命是在前代个体生命的基础上遗传与变异的结果，与其前代有一种内在的联系，但其作为生命个体仍然具有独立的意义，尤其对人类而言，其独立性更为明显。但非物质文化遗产不同，它的生命力除了体现其代际之间的关联，还与人类自身具有密不可分的关系，是人类精神活动的具体呈现。所以，非物质文化遗产的生命是由人类代际精神传承和创新来体现的，是祖先的精神创造和实践活动的再现和发展。

非物质文化遗产保护的延续生命力原则，就是通过采取措施，确保人类代际精神传承和创新的自然、自由，确保代际共同的精神创造活动的正常进行和迭代，确保非物质文化遗产以适合其特点的方式存续与传承。日本学者川田淳佑说："无形文化遗产的基本特点在于它是由活生生的实践者来进行的，由活生生的观众来欣赏。因此为了保存无形文化遗产而将它们像木乃伊一样封存起来，必然要冒亵渎它们的风险；它们应该活生生地存在于当代社会中，应该像过去一样保持创造力。"①

在保护非物质文化遗产的过程中，出于对延续生命力原则的考虑，我们应注意以下三点：第一，理解并遵循非物质文化遗产发展的客观规律，保护其自我发展的空间；第二，支持和推动非物质文化遗产的传承和创新；第三，尊重并保护传承人对非物质文化遗产宣传和传承的权利。

二、系统原则

在工业革命出现之前，欧洲大陆在保护文化遗产时主要保护单个具象的文物古迹；近代以来，他们开始对文物古迹的周边环境进行系统保护；再之后，他们逐渐将对文化遗产的保护范围扩展到以包含某个主体历史建筑群的历史街区、历史区域或古城镇。我们可以从以上的变化过程中得到一些经验：只保护单个具象的个体在非物质文化遗产保护中是不够的。而在世界各国保护自然生物的过程中，针对其生态保护原则，我们也可以得出经验：非物质文化遗产保护不应该是只对主体的保护，还应该包括对其环境的保护。物质文化遗产保护与自然生态保护的经验在非物质文化遗产保护的最大体现，就是系统原则。

---

① 联合国教科文组织.世界文化报告2000：文化的多样性、冲突与多元共存[M].关世杰，等译.北京：北京大学出版社，2002：158.

所谓系统原则,就是在非物质文化遗产保护中坚持系统论,即把非物质文化遗产看作一个完整的有机系统,既要保护本体,又要保护本体之间的联系,还要保护环境,使非物质文化遗产的自我生态系统得以修复并可持续发展。系统原则强调非物质文化遗产的整体性和系统性,不仅表现为自身的系统性,还表现为其与周围环境的系统性。

与系统原则相关联的表述是整体原则、生态原则。非物质文化遗产保护的系统原则是生态原则和整体原则的有机结合,不仅要求对非物质文化遗产的保护要全方位、具有整体性,联系其物质和非物质的因素、主体和客体因素,进行全面的保护,而且要求我们重视非物质文化遗产的系统性,在保护它们时应同时考虑非物质文化遗产本身的系统,以及与周围环境共生的系统等。非物质文化遗产作为一个系统,其内部和外部都具有联系,要真正认识非物质文化遗产的本质,就要全方位关注其内部和外部的联系。

三、以人为本原则

以人为本原则即以传承人为本。在保护非物质文化遗产的过程中,要重视传承人的想法,重点对传承人进行保护。

从非物质文化遗产的存续和迭代角度出发,不能简单将传承人视作负责遗产的接收与传递的人,他们更重要的价值在于对非物质文化遗产的创造与革新,具有本体的意义。非物质文化遗产的存续和迭代是离不开传承人的。从非物质文化遗产的价值角度出发,在其同时具备的普遍性和特殊性价值中,普遍性价值一直被当作世界、国家、地区、民族等层面对非物质文化遗产开展保护行动的依据,而特殊性价值是遗产传承人对非物质文化遗产进行传承和全新创造的内在动力。可以看出,特殊性价值正是普遍性价值的基础。因此,我们在保护非物质文化遗产时应注意,基本出发点在于着重维持非物质文化遗产的特殊价值,对传承人的价值诉求予以充分尊重。

在进行非物质文化遗产保护时,要把握以人为本的基本法则,尊重并保护非物质文化遗产传承人（所有者）理应享有的对遗产进行享用和传承的正当权利，充分尊重他们对非物质文化遗产的调查、申报和保护方面的意愿，建立非物质文化遗产价值享用的分级体系。根据与非物质文化遗产价值关系的亲密程度，这一分级体系可分为若干等级，传承人对非物质文化遗产的享用和传承为第一等级，其他等级在享用或传承非物质文化遗产时，要尊重传承人的意愿，要保证传承的利益。

当然，非物质文化遗产保护的终极目的，是保护人类文化的多样性，使其可持续发展，从而促进整个人类社会的可持续发展。在实现这个终极目的的同时，要处理好其与传承人、族群、民族、地区、国家等关于非物质文化遗产保护的阶段性目标的关系，既要展望未来，又要立足现实。当然，当部分传承人传承非物质文化遗产的个体利益与人类整体的社会发展相矛盾，甚至对人类整体的文化传承发展有危害的时候，就要尊重大多数人的利益诉求，这也是以人为本原则的体现。

四、优先保护原则

作为人类的精神创造，所有非物质文化遗产都应该是平等的，它们是人类创造权和文化认同权的体现，是人的基本权利的体现，但从族群、民族、地区、国家和人类文化发展的需要来看，也从人类可利用资源来看，在保护非物质文化遗产时，应该有一定的先后次序，也就是说，保护非物质文化遗产应该遵循优先保护原则。

哪些非物质文化遗产应该优先保护呢？在实际操作中，各个民族、地区、国家有不同的标准。对不同的价值主体而言，同一非物质文化遗产的价值是不同的。从传承人角度和其他人的角度看，同一非物质文化遗产的价值差别很大。所以，不同的保护者选择的保护对象是不同的。优先保护原则应该结合保护的层面来谈，不同层面的优先保护对象是不同的。

在优先保护原则执行过程中，除了考虑保护主体的价值诉求，对那些对保护主体价值大的非物质文化遗产要优先保护,还要考虑非物质文化遗产的生存状态,对那些既有一定价值又濒临失传的非物质文化遗产要优先保护。

联合国教科文组织以及各国设立的世界级、国家级、地区级非物质文化遗产代表作名录,虽然没有明确指出把入选名录作为优先保护的条件,但在实际操作中往往是这样做的,这种名录实际上充当了执行优先保护原则的一个标准。

当然,为了充分发挥优先保护原则在非物质文化遗产保护中的作用,在确定优先保护原则标准上必须认真研究、综合考虑,既要考虑非物质文化遗产的现实价值和未来价值,又要考虑非物质文化遗产保护投入和发展投入之间的平衡,还要充分考虑非物质文化遗产的现实生存状况,避免利用优先保护原则制造新的文化殖民和文化霸权,对文化多样性制造新的威胁。

五、公平保护原则

非物质文化遗产保护的目的是促进人类文化的多样性并存和人类文化的可持续发展。为了实现这一目标,在保护各种非物质文化遗产时,应执行公平保护原则。承认所有的非物质文化遗产都在生存与发展方向上有平等的选择权利,任何组织和个人不能从自己的文化出发否定其他组织和个人的文化选择权利。这是非物质文化遗产保护立法的基础,也是开展非物质文化遗产保护的基本要求。

公平保护原则和优先保护原则不矛盾。公平保护原则主要是就非物质文化遗产生存权和发展权而言,优先保护原则是就非物质文化遗产保护投入而言,鉴于人类可投入的非物质文化遗产保护资源的有限性,以及非物质文化遗产本身发展的不平衡性,还有人类对非物质文化遗产价值诉求的差异性,人类对某些非物质文化遗产采取优先保护,不仅不是在非物质文化遗产之间制造不平等,而且恰恰是非物质文化遗产保护公平保护原则的体现。

六、突出特色原则

非物质文化遗产是人类文化的特殊门类，既有普遍性，又有特殊性。每种非物质文化遗产之所以存在并在人类社会中发挥作用，不仅是因为其具有非物质文化遗产的共性特征，更重要的是因为它们分别具有自己的特殊性。这种特殊性是其区别于其他非物质文化遗产的标志，是其具有独立价值的基础，也是构成非物质文化遗产多样性的基本条件。

非物质文化遗产保护的突出特色原则，就是强调在非物质文化遗产保护中，不是消除非物质文化遗产的个性特点，而是保护和发展其个性特征，使非物质文化遗产的特色凸显出来。

非物质文化遗产的突出特色原则，充分体现了非物质文化遗产的个性差别，包括语言差别、民族差别、地域差别、历史差别等。非物质文化遗产保护要尊重这些差别，并使这些差别凸显出来。

七、效益最大化原则

非物质文化遗产保护是一种投资行为。作为投资，必然涉及效益问题，即要考虑投入与产出的关系，实现效益的最大化。

非物质文化遗产的投资不仅包括人力、物力和财力的硬件投资，还包括社会舆论和政策等软性投资；非物质文化遗产的投资效益，体现为多个方面，包括社会效益（记忆、认同、凝聚力、文化生产力等）和经济效益（文化产业以及对其他产业的促进作用）等。

非物质文化遗产保护在当下以政府投入为主，政府投资更看重的往往是非物质文化遗产的社会效益。在很多非物质文化遗产保护专家眼里，追求非物质文化遗产保护的经济效益会带来对非物质文化遗产的损害，这使得人们对非物质文化遗产的经济效益避而不谈，或者很少涉及。而企业等机构对非物质文化遗产保护的投入，往往是看重其当下和未来的经济效益，这样的目的也为那些保守的非物质文化遗产保护者所非议。事实上，非物质文化遗产本身兼具社会效益和经济效益,包括长远效益和近期效益、当代效益和未来效益等。在非物质文化遗产保护中必须坚持效益最大化原则,只有坚持效益最大化原则,非物质文化遗产保护才是现实的和长久的。

我国政府对保护民族民间文化投入了大量的人力、物力、财力,并取得了显著的成就,如收集整理了"三大史诗"(《格萨尔》《江格尔》《玛纳斯》)和维吾尔族大型传统经典音乐套曲《十二木卡姆》;编撰、整理、出版了"中国民族民间文艺十大集成志书";1979年以来,共进行了四次评选活动,选出204名国家级工艺美术大师;建立了云南民族村、民族文化传习馆、大研古乐会、贵州民族文化生态博物馆;等等。在文化遗产立法方面也做了大量工作,如在《中华人民共和国宪法》《民族区域自治法》中制定有关保护非物质文化遗产的条款;1982年,全国人大常委会颁布实施《文物保护法》,1990年,颁布实施《著作权法》;1997年,国务院制定颁布《传统工艺美术保护条例》。

第五节 非物质文化遗产保护的成就及机遇

一、取得的成就

(一)政府体制更具主导力

"非遗"的保护发展是一项具有复杂性和挑战性的长期工程,若想非遗有效、高效地传递核心价值观,法律法规和政策基础是其重要保障。2003年,"中国民族民间文化保护工程"工作的开展,标志着我国非遗保护发展迈入整体性、系统性、规范性的轨道,政府保护制度引导力显著增强。

截至2021年,第五批国家级非物质文化遗产代表性项目名录公布。2022年末,我国已公布1557项国家级非遗代表性项目和2433名国家级非遗代表性传承人,"该保护谁""如何保护"等现实问题得到合理解决。同时,我国科学地建立起"国家+省+市+县"四级名录体系,并形成相应的四级保护制度,我国非遗保护体系初步形成,非遗工作机制逐渐完备,各职能部门共同推进非遗保护发展工作有序展开。

(二)核心价值观更具感召力

文化的魅力不光体现在欣赏和品鉴上,也具有实实在在的吸引力。社会主义核心价值观以"三个倡导"为基本内容,分别规划了国家、社会和个人三个层面的目标和准则。在贯彻"四个全面"战略布局的今天,"非遗"作为中华优秀传统文化的重要组成部分,充分发扬着其蕴含的丰富价值内涵和精神思想。

随着我国国际地位的不断提高,具有代表性的非遗文化得到了世界的瞩目,中国非遗中讲仁爱、重民本、守诚信、崇正义、尚和合、求大同的精神内涵和时代价值也得到了世界民众的认同。尽管文化间的差异现实中不可避免,但是通过加强理解认识和交流融合,中国文化在世界范围内的传播度和认同度逐渐提高,其中蕴含的中国价值理念也逐渐得到世界各国人民的理解和接受。

2008年北京举办奥运会,"同一个世界,同一个梦想"的奥运口号向世界传达了中国和谐、共享、文明、发展的人文价值观,开幕式上展示的四大发明、戏曲、礼乐等我国的传统文化向世界展现了中国的灿烂文明;第二届中国国际进口博览会上开设了"非物质文化遗产暨中华老字号"文化展示项目,打造了面向全球、弘扬民族文化的展示平台,并通过非遗故事挖掘、匠人表演等形式,进一步弘扬中华民族的精神价值观,充分展示我国各个民族和各个城市的特色非遗文化。全世界已有许多国家建立了孔子学院和孔子课堂。中国传统的书画、戏曲、体育、医药等非遗项目都作为孔子学院的教授内容开设了相关课程,为我国的文化输出创造了良好有效的平台。孔子学院数量的增加、规模的扩大、学员人数的增长,充分显示了我国核心价值观在世界范围内的吸引力和国际认同度。加上近年来各类文化节、比赛、研讨会等国际性的文化交流活动的开展，为展现中国独特的地域文化，增强中外友好关系作出重要贡献，也为非遗的保护发展搭建了良好的平台。

各类实践活动的开展，一方面，有效拓宽了文化"走出去"的渠道，发掘了多元化的非遗发展途径，另一方面，也向世界展示了非遗中所蕴含的精神思想和价值观念，核心价值观吸引力显著提升。

（三）文化传播更具感染力

非遗的保护发展依赖以人为主体的动态传承和静态保存。非遗传承人作为非遗文化的活的载体，其自身的传统技艺水平和创新创造能力影响着非遗项目的传承传播水平。推动非遗传承人的能力培养和综合素质提升，是有效确保非遗可持续发展的战略性措施。

非遗作为中华优秀传统文化的代表，在各类国际性重大活动和会议中崭露头角，成为传播中华文化的一张亮丽名片。除此之外，非遗进社区、非遗进高校等活动让非遗与人民群众零距离接触，使人们具有较高的参与感和体验感，真正将"见人见物见生活"的工作理念贯彻到实践中来。

（四）文化产业更具竞争力

非物质文化遗产不仅是人们智慧的结晶和文明发展的见证，更是现代社会中文化产业不断发展的力量来源。对非物质文化遗产进行合理的发展规划，能够使新时代产生非物质文化内容，并且形成品牌，还能够带动整体的经济发展，使我国的人民能够具有强烈的文化自信，从而更加快速地实现强国的文化建设。

闽南文化生态保护试验区的成立为发展闽南非遗文化创造了良好的环境和机遇。通过积极探索，试验区创新性地提出了"五个结合"发展模式，创立了高知名度的文化品牌。随着网络的发展，"非遗+电商"也成为推动非遗产业化发展的重要途径。利用网络电商平台形成非遗产业链，在销售的同时通过平台信息传播商品背后的故事，如李晶苏州团扇、飞龙芜湖铁画等非遗品牌都有着较高的知名度，在获得经济效益的同时，也向消费者传播了非遗文化，真正实现非遗品牌反哺非遗传承创新，推进文化可持续发展。非物质文化遗产和人工智能的结合，是当前时代发展的趋势。这样的方式不仅能够解决工业化时代非遗发展不畅的问题，还能够使人们的个性化消费需求得到满足。比如，成都的蜀绣就利用人工智能的技术，直接将锦和绣交叉编织，从而满足客户对私人订制的需求。通过这种融合模式，能够形成中国特色的非物质文化遗产品牌，在不断推动非遗发展的前提下，还能够创造出更多的经济效益，使我国的文化竞争力与影响力不断提升。

二、面临的机遇

（一）中国文化软实力提高

改革开放以来，我国积极把握国际社会中的交流合作机会，逐步发展成为维护世界和谐稳定的国际大国，获得了广泛的信任和认可。除了在"硬实力"方面发挥积极作用，我国还坚持发挥文化的价值引领作用，不断提升国际认同感和政治话语权。自2016年起，我国连续四年跻身全球软实力30强，2015年排在第30名，2016年和2017年排名持续上升，分别为第28名和第25名。在由英国品牌金融咨询公司Brand Finance发布的《2022年全球软实力指数排名》中，中国的排名位居全球第4位。报告的排名依据指标为熟悉度、影响、声誉、商业与贸易、治理、国际关系、文化与遗产、媒体与传播、教育与科学、人与价值观以及Covid-19响应这11个方面。不论是客观数据还是民意调查，文化都在其中占有重要地位。"非遗"作为中华优秀传统文化的突出代表，走向国际舞台正是提升我国文化软实力、顺应文化多元化潮流的合理选择。

（二）国家政策强力支持

非遗文化的发展是国家综合国力的重要组成部分，与经济发展、科技发展等其他综合国力的构成因素一样，必然得到国家和政府的大力支持。为有效推动非遗保护发展，我国不断加大相关工作机构、人员队伍、专项经费等方面的保障力度，并针对项目保护、数据普查、传承人认定等方面出台一系列的政策法规。我国还坚持向UNESCO（联合国教科文组织）申报人类非物质文化遗产代表作的项目，截至2022年底，我国是目前拥有人类非遗代表作数量最多的国家。

（三）新媒体技术快速发展

随着信息时代的到来，数字化、多媒体、网络等最新技术为新媒体的发展提供了强大的技术支持，也为非遗的保护发展带来了更多新的机遇。新媒体诞生以后，媒介的传播方式出现了前所未有的变化。不论是从包括数字技术、网络技术和移动通信技术的技术层面，还是依靠互联网、宽带局域网、无线通信网和卫星传播的渠道层面，又或者是以电视、电脑和手机等为主要平台的终端层面，都体现出新媒体的传播快、受众广、形式多、时效高等特点，有效拉近了传播者与接受者之间的距离。

新媒体作为一种基于特定理念的传播技术，具有多样的传播途径和传播类型，可以说是当代文化传播发展的重要技术支撑。如果善用这把利器，让镜头、笔墨和声音相得益彰，利用新媒体快速便捷、互动多元，具有平民视角和批评精神的特点，来充分展现中国非遗之美、展示非遗传承人和保护工作者的精气神，不仅能增强非遗文化的趣味性，满足快节奏生活中人们对信息文化的需求，还能创造出新媒体和非遗融合发展的新模式。

第二章　文化创意产业概述

本章主要内容为文化创意产业概述，分别对文化创意产业的概念、文化创意产业的分类、文化创意产业的模式、我国文化创意产业的发展进行论述。

第一节　文化创意产业的概念

一、创意

广义上的创意涵盖面较为宽泛，涵盖创新、发明和创造三方面的含义；狭义上的创意则特指人极富创新创造的思维想法，同时这种创造性的思维想法可以通过个人的智慧或产业化发展，产生经济和社会价值。创意是推动科学进步以及社会变革的重要驱动力，是促进生产力进步的重要推手，不同于一般的经济要素，创意是人脑中产生的独特想法，想要使创意变为经济要素还需要经过实践，一旦创意转变为经济要素，极有可能给经济发展带来质的变化，因此创意在文化创意产业中具有以下三点内涵：

（一）一种原创性的思维活动

创意既不会凭空出现也不会脱离现实，创意具有普遍性和独特性。普遍性指的是创意是每个人都所具备的特殊能力，是人与生俱来所拥有的天赋；独特性则指的是每个人所产生的创意都是不同的，每个人所拥有的创意能力也是有差距的。创意是基于现实的客观条件下，人脑中思维活动所碰撞出的奇思妙想，这种奇思妙想既表现为建立在客观现实的基础上，又具有超脱客观现实、冲破现实束缚的特征。创意是创造创新的前提，也是其内核，没有好的创意想法就不能开展具体的创造实践。

（二）一种产业性的经济活动

创意是一种特殊的资源。一个仅在人脑中产生、不被抓住、不去实践的创意，并不能产生实际作用，带不来任何的收益，而一旦创意的想法被抓住，并通过我们的实践活动将其变为现实，它极有可能将推动经济发展，促进生产力的提升，这也就是创意会被各行各业重视的重要原因。为了能够更好地将创意变为现实，使创意经过产业化过程创造经济价值，就需要多种各项因素的共同配合，包括人力资源、各项技术资源以及包容性环境的共同配合，同时也需要国家出台相应的知识产权保护法为创意保驾护航，只有这样才能更好地使创意想法带来更多的经济价值。

（三）一种创造性的社会活动

创意是人们为了改变以及适应当下环境所迸发的观念和想法，是人们冲破当下束缚、突破自身、改变自我的重要方式，从古至今，人们所经历的改变，社会所经历的变革，生产力所经历的一系列提升、发展都是创意所带来的结果。创意不仅满足了人民发展和改变的需要，更为人民带来了舒适且高质量的生活环境，为经济增长提供了推动力，为社会发展作出贡献。在这一过程中，文化产业的创新同样功不可没，文化产业的创新不仅为我们带来了物质财富，更为我们带来了宝贵的精神财富，满足了广大人民的精神需要，提升了广大人民的物质文化追求，深刻影响着社会观念以及审美观念的形成与发展，为社会活动注入了强大的活力。

二、文化创意产业

（一）文化创意产业的界定

有关文化创意产业概念的具体界定，各国并没有形成一个统一的标注共识，目前世界上对文化创意产业的界定有四种主流观点，分别是：日本、英国和新加坡的创意产业，美国和澳大利亚的版权产业，中国台湾地区的文化创意产业，中国香港特区的创意工业（表2-1-1）。

表2-1-1　不同国家和地区对文化创意产业的定义

国家或地区	名　称	定　义
日本	创意产业	创造一种符号，然后销售这种文化和文化符号
英国	创意产业	源于个人创造力、技能和才华的活动，通过知识产权的生成和利用，使这些活动发挥创造经济效益

续表

国家或地区	名　称	定　义
新加坡	创意产业	创意产业工作小组（Creative Industries Working Group）的创意产业，发展策略基本上采用英国定义
美国	版权产业	美国版权产业指所有以版权为基础的产业
澳大利亚	版权产业	生产具有创意特性的以数字格式、有知识产权内容的数字内容和信息通信应用产品，可以分布在网络和非网络媒体
中国台湾地区	文化创意产业	源自创意或文化累积，透过智慧财产的形式与运用，具有创造财富与就业机会潜力，并促进整体生活提升之行业
中国香港特区	创意工业	一个经济活动群组，开拓和利用创意、技术和知识产权以生产并分配具有社会及文化意义的产业服务，更渴望成为一个创造财富和就业的生产系统

文化产业是经济发展在文化领域的反映，它不仅具有文化内涵，更有着经济意义。因此，文化创意产业也具有这种双重属性，表现出文化价值与经济价值相统一的特征，它不仅是指将对经济利益的需求和文化创新结合起来的创意，还包括将文化产品和经济创新相结合的创意。所以文化创意产业是文化创意和经济创意的结合体。文化创意产业是在文化产业发展的基础上，对文化资源的创造性开发及利用。

从字面上来看，我们不难发现文化创意产业所指代的内容含义，其由三部分内容组成，分别是文化、创意、产业，这三项内容是文化创意产业不可或缺的要素支柱，它们三者的结合统一构成了文化创意产业的基本内涵。当下对文化创意产业的基本概念定义为：对当下的文化要素开展创新，产生新的创意并借助当下技术手段，可以将其转变为现实可行的、以文化为核心的高附加值产品及服务，具有规模化集群生产能力的产业。

（二）文化创意产业的特征

文化创意产业形成与发展的时间并不是很长，就其目前所表现出的特征而言，已然与传统的产业有了很大的区别。

1. 文化创意产业特征的不同观点

有关文化创意产业的特征，学界有很多不同的观点，对其特征的概括也各有不同。厉无畏将文化创意产业的特征概括为创新性、渗透性、高增值性、强辐射性、高科技含量、高风险性。而张京成等学者持有不同观点，他们将文化创意产业概括为以下四点：第一，文化创意产业包含有文化创意、科技创新和经济效益，由三者共同交互而成，具有三者的特征；第二，文化创意产业具有很强的关联集合性，是由很多部门共同结合、联合发展而成的，表现出了极强的合作性以及关联性，跳出了传统产业的范畴；第三，文化创意产业位于高端产业，属于产业链的高端范畴，因为其基于传统文化产业的创新，且与众多科技行业联动发展，所以具有高附加值的特性；第四，文化创意产业需要被知识产权法保护，其核心依旧属于知识、文化等无形成果，因此文化创意产业的发展需要有专门的知识产权法为其保驾护航。

顾作义等学者将文化创意产业的特征归纳为以下六个方面：第一，文化性。文化创意产业的核心便是其文化属性，任何创新发展都是建立于当前文化产业的基础上的，脱离了文化性，文化创意也便成为一句空谈。第二，高附加值。文化创意产业在文化产业创新的基础上融合了新技术或其他艺术形式，因此被赋予了高附加值。第三，价值链条长。文化创意产业的市场非常广阔，其产业链可以延伸拓展，带来更大的价值。第四，创新性。文化创意产业的根本目标就是创新。第五，高融合性。文化创意产业是文化创意、科技创新和经济效益三者共同作用、融合而成的新产业。第六，集约化。文化创意产业只有各类产业在空间上集约聚集，才能更好地发挥其经济效益。

管益忻等学者认为若想发展好文化创意产业需要遵守好以下五点内容：第一，文化创意产业要具有经济要素与文化要素，二者缺一不可；第二，产业在未来的发展过程中既要注重经济效益，又要遵循设计理念；第三，在人文素质上要表现出积极向上以及充满活力的奋斗精神；第四，在文化创意企业的发展过程中，既要注重其商业上的发展进步，还要重视企业文化，营造良好的创新创意氛围；第五，要建设好人才骨干队伍，重视人才并尊重人才，争取让人才主导创意项目的进展。

学界大部分的专家学者对文化创意产业的特征也形成了一定的共识，认为文化创意产业具有创新性、高附加值性、文化性、科技性以及高风险性。只有对文化创意产业拥有清晰的认知才能更好地把握其发展脉络，才能更好地推动文化产业高质量发展。

2. 文化创意产业的一般特征

文化创意是在现有文化的基础上，发挥人的主观能动性，汇集人的奇思妙想，并利用高新技术将其再开发和再塑造。其基本特征主要有以下三方面：

（1）体验性

文化的产业化操作让文化艺术越来越多地走进人们的生活。与此同时，具有丰富知识积累和创造力的人也加入到了创意阶层的队伍里。出其不意、令人耳目一新的创意，让文化艺术转变为人们可以体验的创新性产品，给人们带来全新的体验和心灵上的愉悦享受。

（2）知识性和艺术性

任何含有文化元素的创意的产生都是以知识为基础的，从创意的产生到创意付诸实际都离不开知识。知识是创意过程中最微小的细胞，是一切创意的根源。每一个创意的背后都蕴含着人类的智慧，虽然创意是突发奇想、一念之间产生的，但归根结底是长时间知识积累的结果。有了量的积累，才有质的飞跃，知识的积累促成文化创意产业的产生。而文化创意产业直面人们的文化生活，在生活的基础上进一步升华并与艺术相结合，如云南印象等大型实景演出的打造。

(3) 前瞻性和风险性

拒绝平庸是创意的动力,而创意的根本任务就是让原本平淡无奇的生活变得新奇有趣,这要求创意本身具有超前的洞察力和前瞻性。面对现实的挑战,只有跳脱出传统思维的束缚,想到众人的前面才能高人一筹。然而这种前瞻性本身就具有极大的不确定性,这也给文化创意产业带来了一定的风险。

第二节 文化创意产业的分类

物质基础决定上层建筑,文化产业往往受限于每个国家的经济发展情况,因此各国对文化创意产业的关注、管理、支持的重点也不同,对文化创意产业的分类也存在一定程度的差异。

一、关于分类的争议

文化创意产业的行业部门和产品的划分应如何确定是人们争论的问题。约翰·霍金斯将版权、专利、商标和设计定义为创意产业或创意经济。约翰·霍金斯在对创意产品的进一步解说中提出所谓的创意经济指的是创意产品之间发生的经济交易行为。在交易过程中,一般来说会存在两个互补的价值,一个是知识产权,另一个是有形载体或物品的价值(如果存在的话)。在某些诸如数字产业的行业中,知识产权的价值比较高,而在另一些行业中,如艺术品行业,有形物品的单位成本就比较高。他指出,创造力本身不能量化,例如,我们可以说某人更具创造力,但不能说他的创意是另一个人创意的2.5倍。但是创意产品的数量可以量化。因而衡量创意经济的规模可以使用一个等式:创意经济(CE)等于创意产品的价值(CP)与交易次数(T)的乘积,即:$CE = CP \times T$。

霍金斯认为,判断某个产业是否属于创意经济,其标准是看该产业是否符合对创意经济的定义,创意产品的金融交易,或者 CE = CP × T。所谓创意产品就是创造性的、具有经济价值的商品或服务项目。所谓交易就是指依据有经济价值发生的交换行为。总的来说,创意产品至少享有知识产权中的一种形式(专利、版权、设计和商标),即使某些有形商品(如艺术和时装)可以获得更大的价值,该产品还是属于知识产权范畴。霍金斯的定义具有相当的广泛性,也包括科学和专利产业。

在中国,创意产业又被称为创意工业、创造性产业、创意经济等,指的是那些依靠个人创新能力、创造性天赋从而发展壮大起来的企业,还包括那些大力创新,开发出新的知识产权,并依赖知识产权进行盈利的单位和个人。它所涵盖的范围很广,包括广告、艺术、电影等相关的行业。

目前,我国的学界对文化创意产业的具体概念尚不明确,对文化创意行业具体所涉及的产业,以及有关文化创意产业的定位仍存在一定的争议。一些人认为文化产品其实就是文化创意产品,文化创意产业就是服务业的一个小分支。

从文化创意产业的发展历程中,我们不难发现,学界对文化创意产业概念的研究一直没有停下。在 20 世纪 90 年代末,联合国教科文组织曾将文化创意产业划归为文化产业,但在 2006 年,联合国教科文组织便改变了看法,在发布的报告《文化产品与服务的国际流动(1994—2003)》中对文化创意产业进行了重新界定,提出文化创意产业包含三部分内容,分别是文化产品、文化服务与智能产权。文中还对文化产品、文化创意产业和文化服务的概念以及区别进行了说明。

文化产品指的是具有文化内涵,能够传达人的思想感情以及生活方式的一类产品,这类产品往往是文化产业的核心资产。还有一部分并不具有很强的文化内涵的产品也被称为文化产品,它们主要起着传播文化产品的作用,一般指的是光盘、电视、收音机等产品,虽然其并不具备很强的文化内涵,但它对文化产业的发展起着至关重要的作用。

文化产品既包括有形有质的文化产品，还包括文化服务，文化服务主要指的是一些借助文化产品为用户进行服务的活动，它的涵盖范围也比较广，像新闻中介服务、视听服务等都属于文化服务。文化创意产品是在传统的文化产品之上进行创新衍生出来的，因此它所涵盖的范围已超出了传统的文化产品，覆盖了一部分的其他行业，像知识产权和许可证、软件、商业情报服务等。

二、分类方法

我国一直以来都很注重对文化创意产业的发展，早在 2004 年，国家统计局就联合各部门以及各类学者对文化产业进行了划分，并制定了《文化及相关产业分类》，在行业发展的基础上，对文化产业以及与文化产业密切相关的行业进行了界定划分。并对文化产业的概念进行了定义，规定凡是为公众提供文化、娱乐以及服务的活动，或是与此类活动有关联的活动集合，都属于文化产业。依据这一概念，将文化产业分为以下几类：

第一，为公众提供有形有质的文化、娱乐产品，如书籍、报刊的出版发行等。

第二，依托文化创作产品，为公众提供可供挑选的文化服务和娱乐服务，如电视服务、收音机服务、电影服务等。

第三，为公众提供文化管理以及文化研究的服务，如图书馆服务、文物和文化遗产保护活动等。

第四，起着传播文化产品作用的相关材料的产销活动，如打印印刷、文具的产销活动等。

第五，起着提供文化、娱乐服务所必备的仪器设备作用的产销活动，包括收音机、电视机、电影投影仪等仪器的生产经营活动。

第六，与文娱产业密切相关的其他活动，如工艺美术、设计等。

第三节　文化创意产业的模式

一、政策引导型

政策引导型是促进文化创意产业发展的主要模式之一，是指政府通过制定产业发展战略和政策法律、构建金融财税体系、实施人才培养方案等来促进某一地区文化创意产业的迅速形成并高速发展，从而促进文化创意产业进行跨越式的飞速发展。文化创意产业发展的政策引导型模式，如图 2-3-1 所示。当前，文化创意产业在世界各国已经成为促进当地经济发展、提升国家文化软实力的重要一环。作为一个新兴的产业，政府政策的大力支持是其有效发展的重要一环，政府的政策帮扶将极大地促进文化创意产业的发展，同时文化创意产业也极度依赖法律法规的保护。

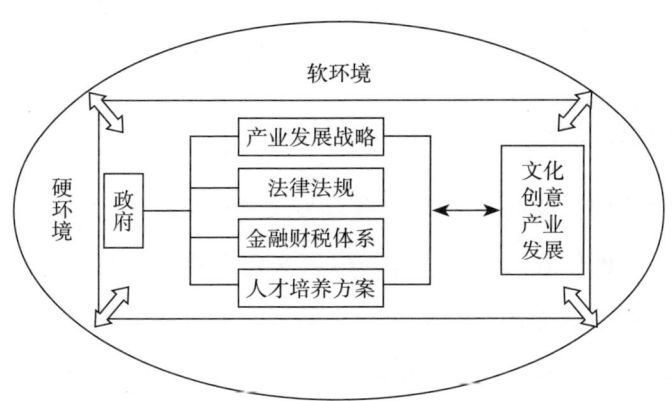

图 2-3-1　文化创意产业发展的政策引导型

英国是世界上第一个在政策上推动文化创意产业发展的国家，并且率先提出了创意产业的概念。英国文化创意产业发展的政策措施主要集中在三个方面：一是政府加强对组织管理、生产经营等层面的机制建设，并为文化创意产业提供资金上的帮扶；二是加大对人才的培养力度，培养公民的创新创造能力，确保能为文化创意产业源源不断地提供人才，并发掘文化在经济上的影响力；三是加强与民间的交流合作，为文化创意产业提供政策上的保护支持。

近几年韩国和日本的文化创意产业正在飞速地发展，并在全球范围内取得了很大的成功。日韩能取得今天的成就，极大地仰仗于政府对文化创意产业的扶持，日韩政府首先在国家层面出台了一系列的大政方针，指明了未来国家文化创意产业的发展方向，并制订了严密的计划来指导文化创意产业的发展。例如，1998年韩国确立了"文化立国"的大政方针，后续又出台了《文化内容产业振兴基本法》来推动"文化立国"；日本也紧随其后，于2001年提出了"知识产权立国战略"，先后还颁布了《著作权法》《文化艺术振兴基本法》等相关法律法规来促进文化创意产业的发展。在制定大政方针的同时，日韩还出台了相关的财政补贴、税收减免等政策，提升民间资本对文化创意产业的关注度。最后还出台了一系列用以规范行业竞争的法律条文，营造了积极健康的竞争环境，塑造了良好的行业发展生态，以此来促进行业的飞速发展。

二、技术驱动型

技术驱动是促进文化创意产业蓬勃发展的强劲推动力，借助技术手段，可以更好地实现创作者的奇思妙想，丰富文化创意产业的表现形式，从而更具高科技含量、高文化附加值和丰富创新度。技术驱动型是指在数字技术、网络技术、新型显示技术等高新技术的驱动下，内容产业和数字经济（包括文创设计、动漫、电影、广告、网游等）生产更便捷、品质更精良、销售多渠道、体验多方位，进而提高文化创意产业的产品美誉度和市场占有率。

随着数字技术、网络技术、新型显示技术等新技术在文化领域的广泛应用，创意设计、影视传媒、动漫游戏、数字资讯等战略性新兴产业不断崛起。科技不仅可以为文化创意产业带来新的活力，还可以使创作者的奇思妙想和潜力得到全面释放。互联网一方面促进了实体经济与虚拟经济的融合，使得产业边界变得模糊；另一方面也通过创新文化生产方式来改造传统文化产业，不断催生出新业态。

纵观世界的文化创意产业，我们不难发现欧美一些国家已经将高新技术纳入文化创意产业，正在不断地增强高新技术与文化的融合程度，借助高新技术更好地表现出文化艺术，不仅可以满足创作者的创作欲，还可以为公众带来更强、更优质的服务，可以更好地提升文化创意产业所带来的经济效益，促进经济的飞速发展。美国凭借其科学技术以及经济优势，使新技术与文化产品开始了融合式的发展，开拓出了广阔的世界市场，目前已成为美国国内经济的一大支柱。例如，独霸全球的好莱坞电影，其最大的优势便是拥有无可比拟的技术和源源不断的资金。而英国伦敦文化创意产业的快速发展很大程度上依赖于数字化技术对创意产品和服务的制造、传播和消费方式的创新和改进，如伦敦泰特现代美术馆和阿尔伯特博物馆等，都借助数字化技术向观众展示它们的收藏品与其他作品。

在文化创意产业中注入科技，不仅能创造出新的文化产品形式，而且还使传统的文化消费方式得到改善，更是推动了公共文化和文化创意产业的发展。而科技领域注入文化创意元素也有助于提升产品延伸价值，扩大需求市场，从而创造双赢。在云计算技术、未来物联网和数字商务的基础上，文化创意产业将会发生重大变革和新的突破，并向更高阶段的智慧化演进。

三、产业升级型

产业升级是产业发展的必由之路，文化创意产业的发展也必会经历这一环节。文化创意产业发展的产业升级主要指对产业的结构进行升级，并通过优化生产流程，改进技术手段，从而提升产业的生产效率。总体来看，文化创意的产业升级型通常表现为产业融合和产业集聚两种形式。

（一）产业融合形式

现如今很多行业都在借助产业融合进行产业升级，特别是在互联网技术应用普及开来之后，借助计算机互联网行业的赋能，很多产业得到了飞速的发展。同样文化创意产业的发展也需要依靠产业融合，尤其与互联网行业的融合将极大地帮助文化创意产业实现产业升级。文化创意产业与其他行业的融合发展也将帮助文化创意产业扩大影响力，下面我们主要探讨一下文化创意与工业、农业、旅游业、建筑业的融合发展。

文化创意与工业的融合，在纵向延伸和横向服务两个维度上激发了产业转型和升级的活力。文化创意与工业的横向服务链融合，主要是通过对工业产品的外观、结构、功能等进行创意设计来提高质量、提升附加值，从而大幅提升工业产品的价值。文化创意与工业的纵向产业链延伸，主要是通过创意设计来促使产品制造、配套服务、品牌服务以及专卖商店等的联动，给消费者带来情感、审美、体验等方面愉悦的心理感受，从而有效提升产业链后端的价值。迪士尼就是一个典型的代表，其以童话故事为基础创造了一系列卡通形象，并生产了诸多衍生产品来吸引消费者，获得了消费者的青睐。

文化创意与农业的融合，主要体现在农业领域创意水平和设计水平的提升方面，同时也促进了农业与文化、科技、生态、旅游的融合。不论是国内还是国外，当前的农业生产模式已经与以往的农业生产模式有了极大的不同，加上农业已经与工业经济等多种经济展开融合，因此发展理念有了极大的改变，如"新田园经济""绿色农业""生态农业""休闲农业"等。

文化创意与旅游业的融合，有利于发掘旅游项目的文化内涵，打造极具魅力的旅游产品。依托文化创意，旅游业可以更好地开展重塑和创新，在文化创意的配合下，人们可以更好地开发出新式的旅游产品，可以建立更完善的产业链，拓宽旅游业所面向的客户群体。同时文化创意可以激发出旅游业的内涵潜力，为旅游业带来更丰厚的文化内涵，为产业链带来更高的附加值，从而带动经济增长，促进旅游业的蓬勃发展。

文化创意与建筑业的融合，有助于改善人们的居住环境，提升城市整体的艺术水平、文化水平和人性化水平。文化创意与建筑业的融合主要体现在以下三个方面：第一，建筑布局与文化创意的融合，有助于建筑与环境的协调以及最高效地利用土地；第二，建筑结构与文化创意的融合，有利于展现地方特色，提升建筑的文化内涵；第三，建筑材料与文化创意的融合，能够提升建筑宜居性和舒适度，并尽可能使建筑与周边环境和谐统一。

我们熟知的媒体、出版、广告、设计、建筑及表演艺术等多个领域都存在产业融合的现象。开放且富有活力的经济文化氛围是文化创意发展的重要条件之一，因此文化创意产业中的创新活动总是活跃于一些高科技产业高度聚集的城市，从而促进全球各城市之间的交流和互动，实现全球各城市联动发展的局面。

（二）产业集聚形式

纵观世界各国的发展实践，不难发现，集群化是文化创意产业发展的一个主要趋势，其主要是指文化创意产业在空间上汇聚在一起，形成一个大的产业园，这样可以更好地带动不同创意企业开展交流探讨，帮助各企业之间开展良性的竞争，可以有效地整合资源，避免资源的浪费。同时还可以推动不同区域不同类型文化的融合发展，从而带动文化创意产业的整体进步。除此之外，它还具有降低交易成本、获得竞争优势、聚集经济效益的功能。

产业集聚通常会形成文创园区、文创集聚区、众创空间等。学者普拉特认为文化创意产业的集聚形式本身就是一种创新，集聚后将带来效率以及成本的优势，这将赋予行业强劲的发展动力。学者科瑞德在对美国纽约的相关产业进行考察研究过后，发现文化创意产业主要聚集在大城市的边缘，具有浓郁历史底蕴以及古建筑、标志性建筑物的周围，通常情况下，这里不仅文化氛围浓厚，还蕴含创新性和原创性，为文化创意产业的发展提供了"新生产的空间"。在文化创意产业集聚过程中，一些历史文化空间成为重要的生产资料和产业载体，使得新的消费空间在旧的生产空间中得以萌芽并茁壮成长。综合国外创意集聚区的发展，如美国好莱坞、英国伦敦西区、日本的动漫集群等，可以看出这些集聚区都普遍具有这样三个特点：首先，它们都有相对宽容的社会文化环境，并且得到政府的大力支持；其次，它们还特别注重通过集聚效应来打造完善的文化创意产业链；最后，它们充分发挥区位优势，从而发展相关产业及支撑产业。

四、城市转型型

21世纪以来，经济全球化的快速推进、新科技的广泛应用以及资源和环境带来的压力，促使世界范围内的各大城市开启了城市转型的热潮。

城市转型是文化创意产业发展的重要模式，它不是单纯的文化创意产业推动城市转型，也不是城市转型单向促进文化创意产业的发展，而是两者相互作用，融合发展，形成共生共进的联合体。

20世纪90年代以来，文化创意产业在发达国家中飞速兴起并不断地兴盛，既推动了经济的飞速发展，也促进了劳动就业，为城市的发展、城市新型治理制度的构建注入了新的活力，从而促进了城市转型。英国伯明翰、美国芝加哥等城市，都曾在发展的过程中面临产业结构和城市功能的转型问题。文化创意产业作为城市转型的催化元素，从文化、社会、经济和空间等多方面推动着整个城市的转型。

在城市转型过程中，城市形象的转型、城市文脉的延续和城市功能的提升是文化创意产业发展的主要表现。首先，传统工业城市的一些老建筑、老厂房，通过文化创意产业的有效利用变成了具有文化内涵和历史底蕴的旅游胜地，从而改变了原本老旧、沉重的城市形象。其次，文化创意产业使蕴涵丰富历史文化内涵的建筑遗产得以重新利用，并发挥新的价值，从而使城市文脉能够长久地延续下去。最后，文化创意产业的发展还会使城市功能发生改变，如德国的鲁尔区、英国的谢菲尔德等就是通过发展文化创意产业为城市吸引来更多的投资者与技术工人，从而改变资源型城市功能的典型案例。此外，在文化创意产业与城市的融合发展中还催生了创意城市、设计之都、时尚之都的出现，如表2-3-1所示。

表 2-3-1　城市转型形式与典型城市

城市转型形式	典型城市
创意城市	纽约、伦敦、米兰等
设计之都	柏林、布宜诺斯艾利斯、蒙特利尔、名古屋等
时尚之都	巴黎、米兰、伦敦等

创意城市、设计之都和时尚之都是在当今经济文化飞速发展的背景下，随着产业链的升级转移、文化创意产业内的集聚化以及与其他产业融合发展从而形成的一种新型的城市形态，这种城市形态建立于创新创意之上，并通过与科技、经济等其他各行业的融合发展从而构建出的城市模式。其以新的生命力和竞争力，以及通过创意的方法解决城市发展中遇到的种种问题。

五、资源活化型

资源活化型在实践中广泛存在，因而是文化创意产业发展的基本模式。一方面，历史文化资源、物质与非物质文化遗产以及工业遗产本身种类丰富、数量众多，可以通过创意将其转化为继续发展的动力；另一方面，各类社会文化资源与文化创意产业相融合也可以延伸出新的文化产品。文物建筑、历史遗迹是静止的、沉默的，很多历史文化是无形的，因此在历史文化资源、物质与非物质文化遗产以及工业遗产的开发中要将静止的、沉默的、无形的文化遗产变成可理解的、与现代生活相关联的，甚至是对消费者有吸引力的文化创意产品。这就要求文化创意产品要灵活地对传统文化遗产进行资源活化，发掘并对传统的文化遗产进行创新，使文化遗产可以更好地传承下去，发挥其文化价值效益。

总的来说，资源活化型主要包括四个部分：前提是要开辟资源的新视野，看到废弃旧厂房、发电厂等工业遗迹的利用价值从而赋予新的用途；基础是要梳理资源新谱系，以便发现城市和国家的潜力，为资源的开发和利用打好基础；本质是要挖掘资源新内涵，从而让废弃的资源展现出不一样的光彩；关键是要找准资源的新卖点，这对于资源的活化来说至关重要。

第四节 我国文化创意产业的发展

一、国内文化创意产业发展历程

（一）文化产业兴起

国务院于1992年发布了《重大战略决策——加快发展第三产业》，在其中明确地提出了"文化产业"一词，为文化产业在中国的发展掀开了新的篇章。在1999年5月，北京市统计局对当年文化行业与旅游行业所产生的经济效益进行了统计，统计数据表明，当年文化行业与旅游行业所创造的增加值约为281.2亿元，占全市GDP（生产总值）的14%。[1] 到了1996年，我国市面上已经出现了2202种的报纸，比1978年增长了将近12倍，报纸的种类也变得多种多样，报纸所报告的内容也五花八门，不再局限于以往的党政刊物，增加了社会新闻、法治财经、国际局势、时尚艺术、文体娱乐等内容。报纸种类的丰富不仅满足了人民群众增长的物质文化需求，更拉动了经济的发展，带来了十分可观的经济收益，据统计，仅1996年，全国的报纸行业仅依靠广告所取得的经济效益就已然高达77.6亿元，占到了当年全国广告收入额的21.2%。

我国不仅在传统的纸媒方面取得了如此巨大的成就，在新兴的电视广播等行业方面同样取得了巨大的成就，1980年，我国的电视台数量为38家，到了1998年增长到了880家，增长了22.2倍，电视人口的覆盖率也从49.5%增加至87.5%，增长了38%，增长量巨大。广播行业也不例外，1980年全国

---

[1] 范周，杨矞. 改革开放四十年中国文化产业发展历程与成就 [J]. 山东大学学报（哲学社会科学版），2018（4）：30-43.

仅有106家电台，而到了1998年，全国电台的数量已经达到1224家。随着电视机、收音机等各类高新技术的推广普及，我国已经形成了一个涵盖面、覆盖率都极为庞大的文化产业网络，还带动了相关制造业的发展壮大，据统计，1998年我国有35家光盘加工复制厂，上百条的光盘加工复制生产线，即便是这35家光盘加工复制厂夜以继日地开工运转，依旧无法满足当时社会对光盘的旺盛需求。在这种音像制品大力发展的情况下，加上受到当时流行文化的影响，中国的流行音乐也得到了飞速的发展，同时还带动了各地的KTV如雨后春笋般地出现，这极大地改善了当时民众的娱乐生活方式，促进了当时经济的发展。

除了报纸、电视等信息媒介形式，20世纪末中国的互联网行业也得到了飞速的提升。有数据表明，1999年我国的计算机约为146万台，其中用以专线上网的电脑有25万台，通过拨号上网的有121万台；上网的网民总人数达到了400万人左右，其中专线上网76万人，拨号上网256万人，还有68万人这两种上网方法兼备，互联网站点数约9906个。从用户的分布来看，电脑用户主要分布在北京、广州和上海，分别占到了总人数的21.02%、11.77%和8.71%。[①]通过上述数据我们可以发现，这个时期我国已经形成了文化产业的集合带，并在一线城市铺展开来。

（二）文化产业发展

迈入21世纪，我国政府愈加地重视文化产业的发展，一系列政策的出台助推了文化产业的腾飞。2002年党的十六大报告又明确提出了文化产业发展和文化体制改革，由此，中国的文化产业步入了新的发展阶段。在这一时期，各地纷纷引进文化产业，促使文化产业在中西部等经济较为落后的非一线城市生根发芽。当时的这些城市主要采取交叉发展的模式，交叉发展模式指的是这些企业在不影响其制造业发展的情况下，引入文化产业，该模式既可以确保中西部城市原有的制造业发展不会受到影响，同时还可以借助城市资源

---

① 张国良.新闻媒介与社会[M].上海：上海人民出版社，2001.

集中、人才众多的优势，更好更快地促进文化产业的兴盛。最有代表性的如武汉的光谷，武汉是全国教育资源最为雄厚的几个城市之一，坐拥着众多国内的顶尖学府，拥有着海量的创新型人才，这里还拥有丰厚的历史底蕴，具备成为文化创意产业基地的一切条件。党的十六大以后，武汉的文化创意产业迅速崛起，并迅速追赶世界先进文化产业的潮流。有数据显示，2003年中国从业人员的统计中，从事文化产业的人员就有1273.72万人，占城镇从业人员总数的5%，创造产值1710亿元。[①]

（三）文化创意产业应运而生

2006年被誉为是我国的文化创意产业元年，也是文化创意产业真正被大众接收并追捧的一年。在这种趋势下，有关文化创意产业的研究变得越来越多，如何促进其发展也成为行业内外的研究课题。2007年，在党的十七大报告的指导下，中国的文化创意产业迎来了新的一轮发展高潮，各地方政府争相发力，力争打造出文化创意城市的形象，在各类政策以及财政资金的补贴下，中国的文化创意产业呈现出了新的发展态势，其中排在中国城市创意排行榜首位的是北京市，依托北京的首都城市地位，加之北京浓厚的历史文化底蕴，在"扶大、扶优、扶原创"的指导思想下，北京一举成为中国最有文化创意的城市之一，并构建了一套完整的投融资服务体系。北京在2009年陆续出台了一系列扶持电影艺术、游戏动漫以及有关文化产品版权保护的相关政策，到了2017年，北京的北京文化创意产业产值已经高达3908.8亿元，占到北京GDP总量的14%，北京文化创意产业从业人数高达206万人，法人单位收入合计达到了20806.7亿元，资产总计为42390.6亿元。[②]

北京市的文化创意产业聚集区中最为我们所熟知的便是798艺术区。北京的文化创意产业聚集区吸引了国内外很多优秀的企业，带动了当地的经济

[①] 中华人民共和国国家统计局. 中国统计年鉴2003 总第22期 中英文本[M]. 北京：中国统计出版社，2003.

[②] 张京成. 北京文化创意产业发展报告2018版[M]. 北京：社会科学文献出版社，2018.

发展，这些文化创意产业聚集区还起到了很好的示范作用，为其他城市打造文化创意产业聚集区提供了蓝本，其他城市可以借鉴北京的经验，但不能完全照搬北京的经验，要结合城市自身的特色以及优势，打造出属于当地的文化创意产业聚集区。

二、国内文化创意产业发展环境

在国内外最新的文化创意产业生态系统理论的基础上，我们将对我国的文化创意产业进行深层次的剖析，对文化创意产业发展的内部、外部环境进行分析评价，为之后的文化创意产业发展提供探讨基础。

（一）外部环境

1. 政策环境

自文化创意产业出现，我国就非常重视其发展，并在一系列的政策文件中不断肯定并强调其地位，还出台了一系列的法律法规为其保驾护航。当前我国已经构建出用以促进文化创意产业发展的政策体系，既涵盖了产业的宏观发展政策，又包括产业内具体行业、具体项目的发展政策。这些政策为文化创意产业的发展铺平了道路，营造出适宜的发展竞争环境，明确了文化和旅游部是我国文化创意产业的直接管理机构，有力地保障了日后的管理工作。

2. 法律环境

目前，我国文化创意产业法律体系逐渐完善，立法内容基本涵盖文化创意产业相关立法需求，行业细分立法的出台使得我国文化创意产业法律体系在立法层次上更加深入。在公民知识产权便民服务平台建设方面，通过专家学者与中介企业的合作，向公众提供知识产权服务；在法律遵守与执行方面，公众保护知识产权的意识得到增强。

3. 文化环境

我国的文化底蕴非常深厚，拥有促进文化创意产业飞速发展的文化基础。中华文化源远流长，在几千年的发展演变过程中形成了一套独特的文化体系，中华传统文化不仅包括儒、道等诸子百家的思想理论，还涵盖了诗、词、歌、赋、舞蹈、民族服饰、地方特色习俗等其他多种类型的版块。

中国传统文化是中华民族几千年来沉淀而成的文化底蕴，是中华民族独特的标志之一，我们需要重视我们宝贵的文化遗产。当下我国对文化遗产的保护工作越来越重视，保护的文化遗产既包括有形有质的物质文化遗产，也包括许多的非物质文化遗产。我国还积极发动民间的力量，以政府为主导，发动广大的专家学者、民间艺术家、社会团体以及社会公众参与到保护的工作之中。制定了相应的法律法规来确保文化遗产不被破坏和遗失，建立相关的文化遗产保护单位，用以确保文化遗产的保护工作可以有效地开展。加强了有关文化遗产保护的宣传工作，同时发动媒体的力量，使得文化宣传工作可以更好地深入人心。

现如今，我国的文化创意产业公共基础服务设施已经日益完善，有数据统计显示，我国早在2018年公共图书馆的数量就已经达到了3176个，与新中国成立初期相比翻了57.7倍，与1978年相比翻了2.6倍；文化馆的数量也已经达到了44 464个，是新中国成立初期的49.6倍，1978年的9.7倍；博物馆的数量也激增到了4918个，是新中国成立初期的234.2倍，1978年的14.1倍。随着社会的发展，这些数据还会继续增长。同时我国还在2004年起就开始有计划性地将这些公共服务设施向公众免费开放，极大地丰富了广大群众的精神文化需要，丰富了民众的文化娱乐活动。[1]

随着我国经济的快速发展，民众的生活水平日益提高，民众的精神文化需要日益增长，拉动了有关文娱产品以及文娱服务的消费。有数据表明，在2018年全国的居民用于文化娱乐的人均消费支出已经达到了827元，较2013年增长了43.4%，2014年到2018年的年均增长率达到了7.5%，文化娱乐支出占全部消费支出的比重达到了4.2%。[2]

---

[1] 陈顺成.伟大的跨越 新时代中国全面建成小康社会实录 上[M].延吉：延边大学出版社，2020：243-244.

[2] 西沐.中国艺术品市场年度报告 2018—2019[M].北京：人民美术出版社，2019：12.

（二）内部环境

1. 内部行业

（1）产业链结构方面

与我国文化创意产业的外界环境相比，我国文化创意产业的内部环境尚处于发展阶段，还有很大的发展空间。当下我国很好地完成了相关文化产品的创作以及推广，但在如何有效开展衍生服务的问题上还有待改进。还有一部分文创企业在创作出文创产品后就积极地开发衍生品，但目前市面上大多数的衍生品还只停留在生产公仔、T恤、海报等初级衍生品阶段，缺乏以电影题材为主题的服务设施和娱乐服务活动，这会使得文化创意产业的潜力不能被完全地开发出来，也会使得产业链过于脆弱，不利于文化创意产业的健康发展。

（2）产业经营模式方面

我国目前的文化创意产业在经营模式上已经开发出了很多的方式，比如付费、电商等经营模式，已经形成了多元化的产业经营新模式。但我国的产业经营模式尚处于初期探索阶段，产业的潜力还未得到完全释放，还没有形成成熟的商业化经营模式。比较典型的如动漫产业，有些动漫企业在作品的版权交易等环节缺乏成熟的商业化运营，因此其在营收能力方面打了折扣。类似的情况还有文化创意产业园区，盈利创收模式需更加多元化，才能有利于文化创意产业园区未来的发展。

客观来说，我国的文化创意产业其内部环境仍旧处于初级阶段，还有很大的发展空间。行业内部急需扩大产业的规模，加强对衍生品以及衍生服务的创新创造，同时实现多元化且成熟的商业运作模式。

2. 核心发展要素

（1）人才要素方面

我国十分重视人才的培养，对各类型各产业的人才培养都从未中断，不断地壮大我国的人才队伍，为我国各行各业的发展提供了人才保障。文旅行业也拥有一支非常庞大的人才队伍,《中华人民共和国和旅游部 2018 年文化和旅游发展统计公报》中的数据显示,截至 2018 年,在全国纳入统计范围的文化旅游从业人员就已经高达 375.07 万人,且从业人数仍在不断上涨。

（2）科技要素方面

目前,我国已经在科技领域取得了举世瞩目的成就,多项信息技术的突破可以更好地服务于文化创意产业。文化创意产业可以与我国的大数据及互联网产业融合发展,在大数据以及互联网的帮助下,文化创意产业可以得到更好的推广,不仅方便向消费者进行宣传,还可以帮助创作者更好地把握行业动向,更好地完成创作,这将极大地提升文化创意产业的生产效率,帮助产业完成升级。移动读书端就是文化创意产业与科技融合发展的经典案例,在互联网以及手机、电脑等的帮助下,图书、报刊可以脱离以往的传统印刷模式,可以更方便地将内容、资讯传达给读者,同时在大数据的匹配下还可以更精准地向目标群体进行投送。有数据显示,2019 年中国移动阅读市场规模达 204.9 亿,同比增长 22.4%。[①] 在科技的加持下,文化创意产业可以更好更快地发展进步,可以打造出更多的新式服务和更多的新式产品。

（3）产品要素方面

我国文化创意产品的种类十分丰富,内容也十分多样,呈现出多元化发展的趋势。以电影行业为例,近几年,我国产出了一批非常优秀的电影作品,涉及的题材和类型都不同,但都取得了票房和口碑的双丰收。同时我国创作者的创作理念也发生了很大的变化,由此诞生出的文化作品都被赋予了深刻的文化内涵,使越来越多的传统文化被发掘出来,并被应用在了作品之中。同时在挖掘传统文化的过程中,我国还创作出一批优秀的原创文化节目,如

---

① 中国移动阅读发展趋势研究报告 2019 年 [C]// 艾瑞咨询系列研究报告（2020 年第 1 期）.2020：49.

《中国诗词大会》等节目,在弘扬我们传统文化的同时,还保证了收视率的增长。《中国诗词大会》的爆火同样也带动了其他同类型节目的出现,同时还促进了同类型节目的进一步创新,开发出了很多新颖的表现形式。

第三章　非物质文化遗产产业化

本章主题为非物质文化遗产产业化,分为非物质文化遗产产业化的意义、国外非物质文化遗产产业化的实践、我国非物质文化遗产产业化的探索三个部分。

第一节　非物质文化遗产产业化的意义

一、加强对非物质文化遗产的保护

对于非物质文化遗产的保护，具体而言就是认定、记录和归档，使其成为博物馆内的珍贵文化遗产。文化遗产是一种具有生命力的精神财富，如果没有广泛的社会参与，它就会失去真正的价值和意义。

非物质文化遗产作为人类智慧的结晶，是一种重要的社会财富和精神财富，具有不可替代的价值，通常由同一群体或者特定地域内的人们共同持有，假如无法明确权利主体放任不管，必然出现人人共享、无人愿意投入精力保护的局面，因此非物质文化遗产需要增加新的保护方式来解决这一问题。将非物质文化遗产从偶然、个性化、单一僵化的保护模式中解放出来，在明确产权的前提下，真正实现有序、规模化以及可控制的开发利用，这就是所谓的产业化。从本质来说，文化多样性是非遗真正的价值所在，因此必须坚持文化多样性原则，让文化多样性成为非遗保护的基本路径。人类文化遗产的多样性，除了在于其丰富多彩的表现形式，如牛郎织女传说的戏剧形式，还包括多种表现方式，如评书、相声等，戏剧形式可通过各种剧种、不同曲调呈现出来。文化多样性的本质就是不同民族之间以及不同地区之间在历史、地理、宗教、风俗等方面的差异。文化的多样性在艺术创造中得到了充分的体现，如花木兰传说，传统的地方戏曲表达方式已经被现代高科技手段取代，这些高科技手段被应用于电影、电子游戏等领域的创作，这些形式都是在传承和创新中发展起来的。所以，保护继承和发展非物质文化遗产，是商业性开发和利用非遗项目的前提与基础，以及实现非遗可持续利用的保证。

只有借助市场机制，将传统文化产业化发展，方能真正实现传统文化在社会文化和经济价值上的共同繁荣与发展。知识产权保护作为一种法律手段，它对传统文化产业具有不可低估的促进作用，所以应当以现有知识产权制度所形成的保护为基础，促进国民在高新技术与文化产品领域的创作"流"，同时推动新的知识产权制度，以便于更好地保护目前可能处于优势地位的传统知识与生物多样性"源"。另外，我们也应该对现行的非遗保护模式进行必要的反思与调整，使之既能满足现代市场经济发展的要求，又符合我国历史、文化传统的实际情况，唯有如此，才可以更快地迈向知识经济的道路。从我国实际出发，对传统文化进行现代化、产业化改造是一项艰巨复杂、长期又紧迫的任务，想要全面实现非物质文化遗产的产业化，必须最大限度地将其引入市场，并将其经济价值发挥出来，同时以司法制度为保障，有效明确各主体在非遗产业化过程中的权利和义务关系，从而实现非物质文化遗产的真正复兴。

综上所述，将非物质文化遗产进行产业化，能够加速私法保护体系的建立，有效克服公法保护的限制。

二、激发公众保护和传承非遗的积极性

非物质文化遗产对社会的意义和价值远大于自身的商业价值，若只将文化遗产与博物馆、图书馆联系起来，忽略其活态性特征，使文化在创新中的发展延续规律被忽视，最终将会导致文化的灭亡。活态文化不是孤立存在的，而是根植于人类社会历史实践活动之中的一种文化形式和文化内容，之所以具有生命力，是因为它能够满足人们日常生活对于文化形态的需求，从而成为现实生活所必需的文化形态。因此，必须把活态文化作为抢救文化遗产的首要目标，使之既能满足人民群众日益增长的文化需求，又能够保持其固有的活力。脱离人们需求的文化现象已经失去了生命力，所以抢救、挖掘、整理和研究优秀戏曲、曲艺遗产是当务之急。确立具有代表性和典型性的优秀艺术传承人，并且授予他们大师的称号，提供必要的精神与物质支持，这虽然是拯救文化遗产的一种方式，但并非主要手段。只有通过大众媒介，才能让更多的人来关注并参与到文化遗产的创造中来；只有广泛的公众参与，才

能从根本上实现对文化遗产的保护目标;只有将大众的兴趣作为重要因素,让民众积极参与到遗产传承中去,才可以进一步促进文化遗产的传承与发展。为了激发公众参与文化遗产的传承和保护,应该最大限度地为他们提供展示的场所和机会,如唐山皮影通过春节联欢晚会在全国甚至全世界得到广泛的宣传,这对其传承和发展起着非常重要的作用。

只有在市场经济体制下,文化遗产的传承主体得到尊重和实际利益回报的时候,才可以真正激发他们对稀缺资源的自豪感,积极主动发挥这些资源的最大价值,这样文化遗产才能为主体提供更好的服务,从而使传统资源重新焕发生机。在我国现行法律中,有关文化产品的知识产权保护主要体现在著作权法和商标权法等领域。所以,在行政保护的时候,必须拓宽视野至私法保护领域,以激发传承主体的自我意识和自觉性。

随着时间的推移,非物质文化遗产的规模正在逐渐缩小,同时也有越来越多的非遗项目退出了文化舞台,这成为非物质文化遗产衰败的一个明显标志。非物质文化遗产的衰落是由诸多因素造成的,其中最主要的原因就是传承人的消亡。随着现代社会文化消费选择的不断更新,文化挤压的不断加强,不管是对这些非物质文化仍然感兴趣的受众,还是民间技艺的优秀传承人群体规模,都逐渐缩小。而人是非物质文化遗产的生命之源,没有传承人,非遗的存在也就无从谈起,只有人参与才是活态保护,若无人参与,人类某些至关重要的思想与文化将会断绝、消失。非遗在长期生存中也要靠自身去适应新环境、创造新形态,否则它将被时代淘汰。在非物质文化遗产保护中必须重视民众的作用,发挥大众媒介在传播信息方面的优势,通过大众传媒让人们了解非遗。规模的形成是非物质文化遗产得以存续和发展的必要前提,这点不容忽视,唯有广泛吸纳并促使群众积极、主动地参与,方能推动非物质文化遗产的开发和利用更加规模化,从而促进非物质文化遗产的蓬勃发展。在目前我国文化产业蓬勃发展之际,更需要重视群众对非物质文化遗产等文化产品的消费需求,并通过各种方式满足人们对这些文化产品的追求。将潜在的非物质文化遗产进行产业化，是促进群众参与的最佳方式，因为非遗本身所具有的文化性和经济价值是它能够进入市场并实现商业化的前提和基础。为了激发群众的参与热情，必须确保群众能够分享非遗所带来的精神抚慰和利益，同时也不能忽视他们应该获得的物质回报和利益。

三、避免非物质文化遗产滥用

个别非物质文化遗产的开发和利用由于缺乏规范性，使一些珍贵遗产遭到损害，并由此引发一系列纠纷问题。针对这个问题，可以寻求有组织地规模化合理利用和开发，以实现集中管理。

产业化经营的最大优点在于具有高度的规划性和计划性，能够有效克服分散利用所带来的无序和盲目问题。文化产业是一项系统工程，要想在市场经济条件下发展壮大，必须有一个完整的产业体系作为支撑，制定与实施经营的发展规划，能够真正实现合理规划与科学布局，促进新兴产业的发展，创造出新的产业和衍生产品，从而形成一个成熟的产业链，其中包括传统文化的收集和整理，文化产品的创作、制作和营销等多个环节。在这段时间内，不仅需要协调各方资源要素，实现有机的聚合和融合，还需要政府提供政策支持和资金保障。当然，非物质文化遗产的产业化成功需要建立在深厚的文化基础之上，因此应当精选国家级和省级非物质文化遗产代表项目，并且持续进行创新与深度挖掘，以推动非物质文化遗产事业的发展。将特定产品转化为企业化生产后，采用历史标准，对传统工艺进行有效的规范，让传统产品以一种独特的方式与现代科技相融合，通过现代企业制度管理的方式，进一步提升传统文化产品的市场竞争力。

四、促进当地经济发展

非物质文化遗产的传承一直以种族和家族为基本单位，其中种族传承的非物质文化遗产项目通常采用非经济的利用方式，家族传承的非物质文化遗产项目主要是技艺类，旨在实现经济利用。然而，这两种传承方式都过于传统与保守，传承内容与范围存在相互制约的关系，缺乏灵活性和适应性。在这种情况下，非物质文化遗产的创新能力与发展规模受到了父子、师徒之间秘密传承的制约，导致非物质文化遗产的经济价值没有充分发挥出来，与此同时，由于"公地悲剧"的存在，宗族式的传承方式已经接近消亡。

非物质文化遗产的产业化开发和利用，为传统传承方式注入了新的活力和可能性。非物质文化遗产作为一种历史遗存与文化载体，价值远大于一般商品，通过对非物质文化遗产的产业化利用，不仅可以传递古老文化信息，让现代人在深层次领略古代文明，还可以促进非物质文化遗产投资者与持有者的财富增长。从某种意义上来说，非物质文化遗产已成为一种重要的产业资源，各地地方政府在非物质文化遗产的产业化发展方面积极探索，尤其在广西、云南等少数民族聚居地区，近年来的传统文化产业规模不断扩大，为当地居民带来了实惠，这些做法对其他地区来说也具有一定的借鉴意义。在1978年改革开放后逐渐恢复起来的非物质文化遗产产业化项目中，兰州拉面与沙县小吃与肯德基、麦当劳等世界连锁品牌受到同样关注；扬州漆艺、南京织云锦等传统手工技艺，经过多年的不断探索和实践，已经在工业制造领域获得了广泛的应用；在歌舞曲艺类非物质文化遗产项目中，云南原生态歌舞和东北二人转是备受瞩目的产业化典范，它们除了为地方戏曲的复兴注入新的活力，还为旅游业的发展注入了新的生机，最终打造出一个容纳多种文艺表现形式的优质平台，为地方经济的发展注入了强劲的动力。

迄今在全国范围内已批准的国家级非物质文化遗产代表项目一共有5批，1557项，保护经费投入30余亿元，因为以材料整理及代表性传承人物质鼓励为主，所以产业化仍处于起步和探索的阶段。在政策方面，虽然已出台了一系列扶持和促进非遗产业化的政策法规，但是还没有一个真正意义上的"产业"概念，尽管文化产业实体已经开始尝试通过文化手段实现经济发展，但它们的规模和数量仍然相对较小，特别是大多数实体尚未形成规模。但随着产业政策的逐步实施和国家立法的优化、完善，非物质文化遗产产业化将迎来长足发展，为地方经济发展作出更大的贡献。

开发和利用非物质文化遗产的产业化，有助于实现传统文化资源的有效传承与合理配置，从而推动文化遗产的可持续发展。非物质文化遗产作为一种独特珍贵的精神财富，具有不可再生、难以替代、不可复制的特性。产业化的过程是文化的积淀和再创造的过程，借助现代技术以及创新的全新型文化表达方式，将传统的思维方式、文化观念等巧妙有机地融合在一起，创造出适合现代人消费的文化产品，丰富人们的业余生活和精神世界，同时也陶冶人们的情操。非物质文化遗产作为一种特殊的历史产物，具有不可再生和难以复制等特点，因此可以通过产业化的方式加以保存和延续。在中国经济高速发展和社会文明进步的背景下，我们必须充分挖掘和利用文化遗产所蕴含的无限价值，并采取切实有效的措施加强对文化遗产的保护，以确保其在产业化传承的基础上得到健康可持续的发展。

第二节　国外非物质文化遗产产业化的实践

一、日本的非物质文化遗产产业化

（一）立法情况

日本在1950年正式通过了《文化财保护法》，并且第一次提出了"无形文化财"这一概念，以保护文化遗产的价值和意义。"无形文化财"主要指的是具有重要价值和意义，并且经过代代传承的非物质文化遗产，如艺术形式、传统工艺等，和纪念物、有形文化财等同样受该法的保护。在1996年，日本对《文化财保护法》进行了修订，将欧美等国非物质文化遗产与保护文化遗产的登录制度巧妙有机地引入其中，注册和登记这些遗产，在此基础上建立起了一个较为完备的"无形文化财保护体系"。认证文化遗产与非物质文化遗产的资格，确定其重要的历史文化价值，并在法定条件下进行合理限制，随后通过在大众媒体上广泛传播，利用媒体宣传的方式，让公众的保护意识得到较大幅度的提升，促进非物质文化遗产与文化遗产的保护与传承。

与此同时，制定《重要无形文化财指定基准》和《重要无形文化财保持者认定基准》等法规，作为《文化财保护法》的补充，以使该部法律更趋完善。

《文化财保护法》特别强调"人"的重要性，能够传承传统文化的人是最重要的保护对象。为此，政府把工艺美术家和艺术表演艺术家的认定提升至十分显赫的位置，彰显他们在艺术领域中的卓越地位。文化财是国家财政给予艺术家和工艺家在艺术创作、表演活动中获得的经济收入或提供的劳务报酬。无形文化财的持有者应当具备无形文化财传承的资格，同时也应当是无形文化财的继承者。根据《文化财保护法》，认定过程可分为三种形式，即个体认定、综合认定与保护团体认定，其中个体认定是对于某个技艺传承者的个人资格的认定，即在国家指定的重要无形文化财中，掌握娴熟技艺，能够传承某项文化财的人可以被认定为"人间国宝"，具体指在表演艺术领域展现出卓越的才华和精湛的技艺，或者在工艺制作领域身怀绝技，如著名的人形艺人、风筝艺人。但是，"人间国宝"必须选定传承人，唯有将技艺传授下去，方能成为政府所指定的"人间国宝"，即便技艺十分高超，也不会被政府指定。政府不仅给这类艺人以名誉，而且每年还要给他们一定的资助；综合认定主要指的是对于那些涉及多种文化元素的民俗活动，需要进行全面的综合评估和确认，并且需要两人或两人以上共同传承的重要非物质文化遗产，综合认定是针对艺术团体或机构所取得的文化财所有权进行的确认；保护团体认定，则是指对那些由一个以上的文化财持有者的集团的认定。

（二）保护与开发并重

在《文化财保护法》中，重点强调了有效利用非物质文化遗产的必要性。

首先是历史遗迹的公有化，以便将传统文化财对外公开实现全民保护。日本对文化财的保护不是单纯、简单的"保护"，而是将文化遗产的作用充分发挥出来，具体而言就是在保管的时候，积极挖掘和利用珍贵的文化遗产，从不同方面入手，使其能够更好地为经济建设服务。在公开展示期间，将文化资产的教育与认知作用淋漓尽致地发挥出来，以文化资产的有效利用为手段，也就是采用文化资产对外公开展示的方式，让人们从感性上，全方位、深入地了解历史。这种公开展示活动，有些由政府组织并支付传承人一定的物质奖励，而绝大多数非遗项目的传承仍然需要传承人自己解决生存问题。之后，政府也逐渐意识到生产性保护对于非物质文化遗产传承发展的重要性，所以在保护非物质文化遗产的过程中，无论是非物质文化遗产的传承人还是政府，在现今时代背景下竭尽全力寻找适合的消费群体，努力建立相应的消费市场，以适应现代环境的不同需求。

鉴于非物质文化遗产的多样性和复杂性，日本在建立消费群体和市场方面，通过因地制宜的方式和手段，确保其存续状态得以较好的维持。食品制造技术、酿酒技术等民间手工技艺，生产的产品仍然具有市场需求，因此传承人的生存压力相对较小。政府积极鼓励非物质文化遗产传承人在保留传统工艺的基础上，借助发展和现代工业化生产融合的方式，进一步提高生产的效率和数量，扩大广告宣传，以实现生产性保护的目标。这些用传统工艺制作的糕点或是酒水，仍然是市场上的适销品。同时，因受生产技艺规则的限制，纯手工制作的产量极其有限。而市场上又充斥着许多用现代材质、现代工艺制作的替代品，挤压了这类商品的市场空间。针对这种情况，日本政府采取措施保护这一消费市场。比如，明确区分传统工艺和现代工艺制作的产品，要求各自作出明确标识，通过赋予传统技艺商品独特的内涵，提升其附加价值，并适度提高该类商品的售价，从而抑制现代工艺的不正当竞争行为。为达到预期目的，专门为传统工艺产品提供合适的市场，如旅游景点或地方特色专柜，这些地方是不允许仿品随意进入的。

但是，非物质文化遗产手工制品的消费群体毕竟有限，除了某些热爱传统文化的人士和想了解日本传统文化的国外游客，普通人少有问津，这类产品的主要买家大部分是当地作为文化遗产保护单位的寺庙以及一些私人寺庙。除了传统手工艺的传承可以通过产业化进行保护，日本还将艺能类非物质文化遗产产业化付诸实践。由于艺术类的非物质文化遗产，如各种传统戏剧、曲艺、民间音乐、民间舞蹈等，要想实现产业化需要演出舞台，而这些传统艺术形式与现代娱乐业的审美观格格不入，不论形式还是内容都不受当今娱乐大众主体人群的欢迎。因此，仅靠演出收入，艺人们尚不能解决生存难题，最终会走向消亡。于是，政府出面协调，发展形成一种新的、为适应现代城市居民生活需求的生产性保护模式，即以兴趣班为核心的俱乐部模式，它除了能够孕育大量非物质文化遗产的消费群体，也能够为下一代非物质文化遗产传承人的培养提供助力，主要原因是加入俱乐部的年轻人中不乏传承人苗子。

另外，日本非遗保护组织，专门制定了和当代社会相适应的等级评审机制，把非物质文化遗产的传承，以一种巧妙的方式和文化产业的发展紧密融合。日本政府组织当地某项非遗的知名传承人，由他们组建起评审机构，对某项非物质文化遗产技艺学员进行等级考核。学员在达到一定的段位后便可成为非物质文化遗产传承人，颁发相应的认定证书。持有证书者在就业方面就可优先被录取，有些部门甚至要求持有证书是任职的门槛，如中小学教师任职时，往往要求其对非物质文化遗产有所掌握。

二、韩国的非物质文化遗产产业化

（一）立法情况

韩国在1962年正式出台了《文化财保护法》，该法将文化财划分为四个类别，分别为纪念物、有形文化财、无形文化财以及民俗资料。其中，有形文化财又可细分为物质形态文化财与精神形态文化财两种类型；无形文化财是具有重要的历史、艺术和学术价值的文化遗产，包括工艺、戏剧等；民俗资料既涵盖了衣、职业、信仰等方面的各类民俗活动，又包括与这些活动相关的服装、器具、房屋等；有形文化财属于物质遗产范畴，无形文化财和民俗资料则属于精神文化财富范畴，事实上，这两个方面所涵盖的是《保护非遗公约》所规定的非物质文化遗产的范畴。

1962年，为确保文化遗产得到法律保护，韩国专门成立了文化财委员会，该委员会由各文化财保护团体、大学和研究机构的专家组成，旨在落实文化遗产的保护。在制定《文化财保护法》时，规定了有关文化财产及非物质遗产方面的各项内容，一旦发现有文化项目值得重点传承与保护，委员们将提交一份详尽的报告，经过充分的论证和分析，最终把该项目确定为国家重点保护项目，同时综合分析后，合理指定具有重要无形文化财的持有者或者团体，以确保其权益得到保障。这里所指的持有者和持有团体是具备保存与领会无形文化财的技能和技艺，可以原汁原味艺术演出或者工艺制作的人或者团体。技艺和技能一般都是指人们所掌握或使用的技术，包括音乐、舞蹈、美术等艺术形式中的一些特殊技巧和方法。由于持有团体中所拥有的重要无形文化财通常具有不可复制性，因而很难对其所有权加以确定。然而，仅限于那些在本质上无法由个人独立完成的无形文化财，或者指认持有者过多的无形文化财，不同之处是重要无形文化财属于个人的时候，指定对象一般是持有者本人；当指定对象属于团体的时候，指定对象则是持有团体。只有拥有了某种特殊的无形文化财，即只认定其为该无形文化遗产持有人时，才可获得这种资格，以表彰拥有或持有具有重要价值的无形文化遗产的人，并明确他们的责任和义务。一旦通过认证，无形文化财及其传承人，将得到中央和地方政府的大力保护和财政支持。

（二）发挥政府力量

韩国创意产业的蓬勃发展既离不开政府的资助，也离不开政府的科学引领，政府在多个方面不断加强制度建设，如资金支持、人才培养等，为文化产品的创作、生产、销售和出口提供全面系统的强力支持，同时在政策层面建立适应文化产业发展的法律和服务体系，并且吸收和参考国外先进技术并加以应用，从而促进文化产业的快速健康发展。韩国在影视、音乐、电子游戏及动漫等领域投入了大量资源，用于促进产业发展、人才培养，特别注重深度挖掘传统文化资源的价值，逐渐形成非物质文化精髓的传承和活化。韩国政府于1981年组织了"民族之风——1981"大型民俗活动，各媒体都对该活动进行了广泛宣传，在全国掀起传统文化热，怀揣民间艺能的工匠、艺人纷纷登上舞台成为备受关注的人物。

政府顺势利导，大刀阔斧地通过合理性商业手段，以在文化产业、旅游业等领域发展的方式，推动非物质文化遗产的保护。伴随着非物质文化遗产保护活动的不断延伸和扩展，更多的人开始认识到，非物质文化遗产在商业运作中所蕴含的意义和价值。在这种背景下，许多非遗传承项目开始走向商业化，传统文化产业的无限发展潜力被敏锐的社会资本嗅觉捕捉，大量资本开始涌入与非物质文化遗产有关的商业领域。韩国文化财和无形文化财的商品被经营者不断挖掘和加工，满足市场的各种不同需求，供应和销售的出版物涵盖了面具、戏装、玩偶等。各公众场所无处不充斥着传统文化气息，地铁站的广告栏、外国游客服务中心、香烟包装盒等均可以发现韩国非物质文化遗产的宣传广告。非遗产业呈现规模化、模式化经营态势，尽管有些非遗的文化内涵被忽视，但救活了整个非遗产业。

（三）开发民俗古村旅游业

民俗古村的旅游开发是利用非物质文化遗产发展旅游业的一个成功模式。一些民俗村恢复古代先民们的衣食住行、建筑景观和祭祀活动，供游客参观，游客还可以亲身体验村中传统的生活方式。民俗村中的宗庙祭祀典礼和活动中所演奏的民间音乐都是被确定为重要无形文化财的项目。每一年的春季和秋季，无论是旅游部门的官员，还是民俗村的开发者，均不遗余力地通过各种方式和手段，吸引来自世界各地的游客，通过表演团体向外籍游客展示韩国传统文化的魅力。为了吸引游客，韩国特别注重举办民俗节庆和祭祀活动，以展现其独特的文化魅力，把节日庆典与祭祀相结合，不仅在春节期间举行"迎新春"等大型节庆仪式，还将祭祀作为一项重要内容，组织开展各种各样的民俗活动。凡是旅游线路中有民俗表演，有关部门都能保证随时随地将非遗搬上"舞台"。韩国的农乐乐团就是一家规模较大的、以表演各种非遗项目为主的大型演出团体，在韩国文化市场颇有影响力。

三、法国的非物质文化遗产产业化

（一）立法情况

法国是一个重视文化传承的国家，近代以来形成了保护传统文化的惯例。法国早在大革命时期就注重文物古迹的保护，1793年，《共和二年法令》出台后，规定法国境内所有类型的艺术品均得到保护，使大批宝贵的文化遗产免遭动荡年代的浩劫。1906年，法国颁布了《历史文物建筑及具有艺术价值的自然景区保护法》，以确保自然景观的艺术价值得到法律保护，确立了文物保护工作中的基本原则，即不破坏原真性和完整性。1913年，法国颁布了《保护历史古迹法》，旨在保护动产与不动产的历史文化遗产，但是仅限于历史价值和艺术价值，通过登记造册，把重要的历史文化遗产纳入被保护名录。1930年，法国颁布了《景观保护法》，该法不仅保护了自然纪念物，还纳入了在艺术、历史、学术和传说中广为人知的自然和人文景观。为了保障历史街区人文景观的完整性，法国在1962年和1973年分别颁布了《历史街区保护法》和《城市规划法》，以确保历史文化遗产的保护和传承，法国历史文化遗产的整体性保护，因这两部法律的颁布得到了有力的推动。法国制定物质文化遗产保护法律至今已有200余年的历史，人们熟知的巴黎圣母院、卢浮宫博物馆、埃菲尔铁塔、凡尔赛宫、凯旋门等名胜古迹，之所以能够得以保护，与政府文物保护政策的有效实施密不可分。如今，数以万计的游客给法国经济带来数以亿计的财富。

（二）引入民间资本

与日韩相比，法国的非遗保护和利用不是特别突出。原因是法国政府有关部门将更多的精力用于历史文物古迹、自然景观及文物等物质文化遗产的保护，得到保护的仅是和文物古迹有着紧密联系的非物质文化遗产，没有"历史证据"的非遗不被重视，如政府文化主管部门在全国选择了91个历史文化遗产保护区。区内有形文化遗产达4万多处，保护区内生活着80万名居民。但是，这样的历史文化遗产保护区不同于中国的民俗保护区。中国的民俗保护区或古村落保护区，尽管对游人开放，但保护区常住人群是固定的，目的在于保留其文化传承基础。法国的文化保护区并没有严格封闭，它的设立尽管也是为了形成保护有形文化遗产的氛围，但主要为了保护历史遗迹，而不是生活习俗。法国非遗依附于有形遗产的保护模式决定了它对非遗的产业化利用主要来自旅游业。对此政府发动民间组织大力宣传传统文化的重要性，并激励人们尽量做这方面的投资。目前，法国有1.8万多个文化协会保护和展示历史文化遗产。为了让更多的人了解和关心文化遗产的保护，法国政府将每年9月的第三个周末确定为"文化遗产日"，在这一天包括卢浮宫、凯旋门等备受瞩目的博物馆和历史古迹向公众敞开大门，不向游客收取任何门票费用。

四、意大利的非物质文化遗产产业化

（一）立法情况

意大利是地中海文化的源头，最早的古希腊文化影响了半岛文化的形成，为古希腊文化传播重地，紧接着形成了统领欧洲大陆千年的古罗马文明，并且随着时间的推移逐渐成为近代文艺复兴的发源地。意大利境内遗留的各个历史时期的文物古迹数不胜数，而各大博物馆陈列的艺术品更是浩如烟海，仅被联合国教科文组织列入世界遗产名录的文化和自然遗产就多达37处。为了管理这些文化遗产，意大利政府专设文化遗产部。同时，为引起公众对传统文化的兴趣和保护意识，自1997年起，每年五月的最后一周，意大利政府都会举办

"文化与遗产周"活动,免费向游客开放意大利国家博物馆、艺术画廊等,同时具有文化价值的文物古迹、建筑等国家级文化和自然遗产也免费向游客开放。

早在1889年,意大利就制定了《文学艺术版权法》,为民间文学艺术的保护提供了依据。随后,专门针对非物质文化遗产和传统手工业的保护,制定了一套完备的法律制度,以确保它们得到充分的保护。在意大利的非物质文化遗产保护制度中,对民间文学作品的著作权进行无限期的保护,是其主要特点和独特之处。若欲以盈利为目的运用民间文化,除了需获得文化行政部门的授权,也需缴纳使用费,并将所得使用费以基金的形式加以管理。

(二)政府保护与市场运行结合

意大利政府除了采用静态方式保护非物质文化遗产的诸多空间、物品和遗址,对非遗进行动态保护也十分重视,积极推动和促进乡村生态旅游和美食文化旅游的发展,使非物质文化遗产得到较好的发展和传承。对待文化遗产的保护与传承,采取了一种政府负责保护,私人或企业进行管理和经营的模式。这一模式最先适用于有形文化遗产,尤其是不可移动的著名文化遗址。政府负责投入修缮和保护这些著名遗址,商人们在这些遗址销售和开发与其相关的旅游产品。随着时代的发展,国际社会开始日益关注和强调非物质文化遗产的开发与保护,尤其受到联合国保护非物质文化遗产公约的影响,政府更加重视非遗生产性保护的价值,西西里木偶剧的开发与保护就是一个成功的例子。西西里木偶剧形成于19世纪,形成初期便受到当地居民的喜爱。木偶剧一般由家庭剧团运营,传统与技艺在家庭内部代代相传,在演出形式上木偶一般采用"一人一戏"的方式。为了完成木偶的雕刻、着色与制作,需要聘请经验丰富的专业工匠,采用传统的技艺和方法制作木偶,从早期的"木人"到现代木偶,木偶艺术经历了漫长曲折的发展历程。木偶剧的表演以史诗故事为主,艺人按照诗歌、歌剧或者源自日常生活的基本故事情节,通过精雕细琢的偶人和道具进行即席创作,呈现出一场精彩绝伦的演出,值得一提的是对白大多也都是即席编创。木偶剧随着艺人的持续创新,逐渐形成卡塔尼亚与巴勒莫两个独具特色的流派。这两个流派在木偶的尺寸、形式以及操作技巧等方面展现出各自独特的魅力。

直到20世纪50年代，木偶剧还有着较为广泛的市场，表演题材主要取自中世纪的骑士文学和文艺复兴时期的意大利诗歌，以及圣徒或江洋大盗的生活。进入90年代，文化市场发生了巨大变化，继电视之后出现的互联网，人们的消费观念随着审美观的变化和文化融合的愈演愈烈而发生了巨大变化，木偶技艺呈现了衰落的趋势。不过，还有少数木偶演出团体和艺人苦苦支撑，如卡尔洛·科拉家庭木偶剧团和库迪基奥艺术子孙剧团便在创新中寻求突围，并取得了一定的成效。他们借用现代舞台声电光设备，色彩斑斓的木偶、熟练操作的动作、令人眩晕的节奏、引人惊讶的片段和震撼人心的舞台效果，让传统木偶剧焕发新的光彩。2001年，联合国教科文组织将西西里木偶剧列入《人类口头和非物质遗产代表作》名录，当地政府借此机会，大力发展传统文化产业，在岛上建立起设施完善的木偶剧场，西西里木偶节的举办和奖项设立，以及国内外木偶展览的举办和木偶戏学校的兴建等一系列措施，均为该地区木偶艺术的发展和推广提供了有力支持，有效保护了西西里木偶剧的传承，同时鼓励各木偶剧的演出团体走向市场，鼓励商家开发木偶剧的各种衍生产品，从而达到保护木偶剧、发展木偶剧的目的。现如今，无论是在西西里岛的商铺，还是在摊位，均能买到木偶。木偶大多是用木头或塑料做成的，制作工艺十分精湛，形态千姿百态。木偶已经成为西西里岛的著名纪念品，吸引着各方游客。

五、美国的非物质文化遗产产业化

（一）立法情况

1965年通过了《国家艺术及人文事业基金法》和《国家艺术和人文基金会法案》，成立了国家资助的艺术创作基金，旨在激励各类艺术创作的蓬勃发展。1966年美国国会通过了《国家历史文物保护法》，明确规定政府机关和社会各部门都有义务采取措施保护文化资源，利用税收优惠政策鼓励私人建筑企业对古旧建筑进行修缮，并通过国家历史保护信托基金改善自然环境。积累的物质文化遗产保护经验，为未来非物质文化遗产保护法律法规的制定，以及非物质文化遗产保护工作的顺利开展提供了必要的前提和条件。美国国会于1976年通过了《美国民俗保护法》，法案的制定源于各州及联邦先后通过旨在保护印第安人传统知识与实践的立法，它确立了以"民俗学"为非物质文化遗产的法律保护模式，并将它与其他形式的非物质文化遗产相结合。该法案重点阐释"民俗"一词，同时强调了民俗在历史文化研究和学术发展中所扮演的重要角色、发挥的关键作用以及所蕴含的文化价值和意义。美国的民俗文化呈现出多种多样的表现形式，这些形式基本是以口头传授、群体性的认知与传承，以及半教育化的方式得以传承并保存至今，既包括与人们日常生活密切相关的民间风俗活动，也有一些与宗教信仰相关的仪式活动。该法案旨在采取多种措施，进一步保护与展示美国的民俗文化，在各级政府设立专门的机构，合理引导全社会积极、主动参与历史文化遗迹的保护，并提供必要的资金支持。1990年通过《印第安艺术和手工艺品法》，该法案规定个人或商人等禁止假借印第安艺术品之名销售其他商品。一旦违反，个人可能面临高达25万美元罚款的民事责罚或5年有期徒刑刑事责罚。

  美国在非物质文化遗产的保护和利用方面与其他国家存在差异，它主张对传统的知识或文化实行国内法的保护，强烈反对国际社会对知识产权保护的一致要求。所以，1998年在联合国教科文组织通知各国申报"人类口头与非物质文化遗产代表作"项目时，美国并未参与申报。之后，2003年通过的《保护非物质文化遗产公约》美国政府也没有参与。不过，美国在保护非物质文化遗产方面的工作从未懈怠或者停止，这说明美国独特的保护体系存在许多值得参考和借鉴的优点。

（二）创意产业带动非遗产业化

  美国在文化产业发展方面已走在世界前列，其创意产业已经成为支柱产业。自迪士尼动画得到知识产权法全面保护后，美国的传统文化产业迅猛发展，尤其以非遗的旅游开发和视频开发最为突出，但绝大多数非遗的开发保护也是与有形文化遗址保护紧密结合的，此处仅以文化游为例。

普利茅斯种植园观光旅游是成功开发的项目之一。普利茅斯是早期成功进入美国的英国人的殖民地，为了让后人能够重温当年祖先的创业精神，1974年政府复原重建，恢复了历史旧貌，借助当年保留下来的遗迹，构成了别具一格的博物馆，作为美国人的"寻根"之地。开发者建造了400多年前"五月花"帆船的复制品，停靠在普利茅斯港。船上工作人员穿着17世纪英国下层人民的服装，讲一口地道的英国腔土话。在普利茅斯种植园，当地居民真实地重现1627年前后英国殖民者与原住民万帕诺人同居的历史场景。在种植园里，万帕诺人的后裔在筛种、织网，游客还可向他们询问以前的问题并得到回答。由圆木围成的古老村庄内，村民们依然打扮成织毛衣的村妇，伐木、打扫院子、警戒巡逻的村夫等。小木屋里的家具摆设保持当年的格局，甚至还有酋长向游客解释村内建筑和村民生活。

弗吉尼亚州威廉斯堡城是美国的一座著名历史名城和旅游胜地。该城最早建于1661年、由英国移民者于1633年所建的"中央种植园"发展而来。有民房、火药库、饭店、旅馆、商店、理发店、铁匠铺、木工房、印刷所、教堂等，尽力还原当时的面貌，供人们参观。甚至为了使游客身临其境地感受殖民时期的真实生活，小镇内依旧保持着铁匠铺的清脆敲击声、修理作坊的车床撞击声以及旅店内的吃喝声，仿佛回到了过去的时光。为了让游客们更加身临其境地体验原生态的小镇生活，市中心禁止人和车辆进入，游客或行人只能骑自行车或乘坐旧时的马车，观看工匠用两个世纪以前的传统方法制造生活用品。威廉斯堡小镇以其特有的风格，吸引着无数世界各地的游客，从而逐渐成为追忆过去的旅游名城。

总之，美国的发展模式离不开知识产权保护体系，并且美国的文化创意企业凭借其成熟的知识产权保护体系，在市场主导型发展模式中占据了主导地位，成为众多实力雄厚的企业之一，同时这些创意企业也是推动文化产业全球化进程的重要动力之一。

第三节　我国非物质文化遗产产业化的探索

本节主要结合一些非遗产业化案例对我国非物质文化遗产产业化过程中采取的政策、措施、方法等作出阐述。

一、文学艺术的产业化探索

以刘三姐歌谣为例。

据记载，广西壮族民间传说人物刘三姐的事迹最早见于南宋王象之所著《舆地纪胜》卷98中的《三妹山》。相传，唐中宗神龙年间诞生了刘三姐，她自幼聪颖过人，歌喉绝佳，被誉为"歌仙"。四邻八乡能歌者常找她赛歌，于是促进了当地民间歌谣的发展，后来还演化出广西宜山三月三歌圩大会。在漫长的历史岁月里，当地人民群众共同创作，并传唱着大量优美动人的民间歌谣。歌谣被划分为七大类，包括生活歌、生产歌、爱情歌、仪式歌、谜语歌、故事歌和创世古歌，这些歌曲充分激发和丰富了壮族民众的文化生活。

1961年，电影《刘三姐》诞生，刘三姐歌谣文化引起海内外轰动。"刘三姐"逐渐成为地方品牌，如最先出现了刘三姐牌香烟。1992年6月，桂林市文化局与香港中地投资有限公司合资成立了刘三姐艺术团，后来该艺术团改制为刘三姐集团公司。该集团公司不仅经营文艺、旅游、珠宝、字画、艺术装饰，还经营百货、五金交电、建材、农副轻工产品服务、批零售等，这促进了桂林文化产业的发展。2002年，修建了桂林刘三姐景观园，后改名为刘三姐大观园。2012年8月10日该园被国家旅游局批准为国家AAA级旅游景区、广西首批民族风情旅游示范点。

2004年3月20日，张艺谋、王潮歌、樊跃为总导演，梅帅元为总策划、制作人的《印象·刘三姐》正式公演,极大地带动了场景所在地阳朔县经济的发展。桂林阳朔因山水甲天下,是国内著名旅游胜地,不过1996年阳朔县接待中外游客仅130万人次,旅游收入7223万元。自从开发了刘三姐歌谣文化,尤其增加《印象·刘三姐》等旅游项目后,旅游产业迅猛发展。2015年,阳朔县旅游总收入达到了100.2亿元,同比增长20.1%。阳朔县成为广西首个旅游年收入突破百亿的县。[①]20年来,到阳朔县旅游的游客增长了10倍,而旅游收入增长了100多倍。《印象·刘三姐》的成功在于文化产业运作引入了市场化机制,除了在项目初期广西壮族自治区政府拨出20万元启动经费,其他的投资均由项目总策划人梅帅元主导进行产业化运营,以市场化方式吸纳国家政策性扶持资金、银行贷款和品牌无形资产等,从而真正实现了多元化投资和经营。

《印象·刘三姐》的成功不仅有赖于政府的扶持、市场化运作的营销手段,更重要的是传统文化的创新,仅靠一个刘三姐的故事,仅靠电影《刘三姐》的插曲,不可能把刘三姐的产业做大。它不仅有七十分钟的场景表演,还有一整套可供游客参与的文化体验,带动了其他旅游产品的消费,解决了当地的就业问题。

二、歌舞艺术的产业化探索

下面以云南原生态歌舞、西北民歌"花儿"为例进行阐述。

(一)云南原生态歌舞的产业化

云南是我国少数民族聚居大省,各少数民族都是能歌善舞,并有着广泛的群众基础,不仅在节庆日各民族穿戴节日盛装载歌载舞,即使在平时亲朋好友聚会,也会用歌舞即兴表达感情。自古以来,原生态的少数民族歌舞就是当地人生活娱乐的一部分,这一原始的艺术表达形式有着深厚的文化底

---

① 王林.阳朔县乡村旅游创意新业态与游客体验研究[J].贺州学院学报,2016,32(3):96-100.

蕴，如何将它升华为对外文化交流和发展地方经济的品牌艺术，是当地文化、旅游主管部门及文艺工作者反复思考的问题。21世纪初，经多方论证和努力，由我国著名舞蹈艺术家杨丽萍出任艺术总监和总编导并领衔主演的原生态歌舞精品——《云南映像》，于2003年同广大观众见面以来，在昆明、北京、上海、广州、厦门、西安等城市巡回演出近千场，并走出了国门，获得了丰厚的经济效益和良好的社会效益，仅在昆明的多场试演，门票收入即逾千万元。

《云南映像》将云南独特的民族风情，在经典民族舞与原生态乡土歌舞精髓的全新整合重构中完美呈现出来。这一大型歌舞作品主要是由来自云南各地田间地头的本土少数民族歌舞爱好者演出的，90多名演员中只有20多名是专业演员，目的是充分展现原生态因素。为此，演出服装也以云南各民族民间生活着装为原型设计。《云南映像》的成功离不开杨丽萍等一批民族歌舞艺术家的努力和奉献，离不开台前幕后许多民族民间艺术爱好者的热心支持，更离不开当地政府的大力支持。云南省对传统文化产业的支持在全国名列前茅，不仅出台了最早针对非遗保护利用的地方立法，出资赞助并打造了多支优秀的民间文艺团体，还举办了多届"云南省少数民族文艺会演""云南省新剧目展演""云南省民族民间歌舞乐展演"和"云南省青年演员比赛"，培养了大批优秀的民族民间艺术传承人。同时，《云南映像》的成功也说明了传统艺术表现形式能够很好地与当代科学技术相结合，从而满足当代人的艺术审美要求，增加它的艺术魅力，如《云南映像》的音乐、服装、灯光、道具等舞台设计，便采用了许多现代声光电技术，并没有破坏民间艺术的整体性美感，反倒留给观众一个特定的原生态印象。它也充分说明艺术创新是传统文化艺术得以不断延续发展的必不可少的条件，否则将错失发扬光大的有利时机。《云南映像》不仅带动了民族民间歌舞市场的繁荣，最主要的是增强了文化主管部门和非遗传承人发展非遗产业的信心，也推进了其他非遗产业的发展。如今漫步在丽江古城、泸沽湖畔和香格里拉国家公园，所见所闻并非单纯的自然遗产,而是集有形遗产和无形遗产于一体的综合文化遗产。经过当地人的付出,不仅带动了旅游经济的发展,也为保护生物多样性和文化多样性作出贡献。在正确的文化产业开发理念的指导下,致力于实现少数民族地区经济、文化和社会的可持续繁荣发展已经变成现实,并可以造福子孙后代。

(二)西北民歌"花儿"的产业化

"花儿"是流行于我国甘、青、宁、新等省区,汉、回、藏、土、裕固、东乡、保安、撒拉等民族的群众共创的一种以爱情为主要内容的山歌。2006年"花儿"成功入选第一批《国家级非物质文化遗产名录》,2009年又成功入选联合国世界遗产名录。尽管不同地区的"花儿"各有特点,但也有相同的品质,如曲子曲调优美,文辞朴实生动,结构严谨,演唱灵活多变等。"花儿"是土生土长的艺术形式,是劳动人民生活中创造出来的艺术形式。随着生活环境的变化,外界文化的涌入,"花儿"传承面临困境。为挽救传统文化,在"花儿"盛行的区域,每年都会举办各种由民众自发或政府主办的"花儿会"或者庆典活动,这些活动是一种群众性的文化娱乐活动,深受广大群众喜爱。例如,莲花山"花儿会"、松鸣岩"花儿会"等都是甘肃省比较有代表性的"花儿会",这些"花儿"大多是以歌代舞或歌舞表演,形式生动活泼,内容丰富多彩,具有浓郁的民族特色和乡土气息,深受广大群众喜爱。当地居民在"花儿会"上献唱"花儿",尽情享受,休闲娱乐,为"花儿"的蓬勃发展注入了源源不断的活力。同时,"花儿会"也是对"花儿"宣传和推广的有效形式,它使"花儿"成为一个地方的文化品牌,并带动相关产业的迅速崛起。

借助举办"花儿"演唱会,当地政府部门顺利完成招商引资的工作,把当地旅游业和"花儿会"两者紧密地结合在一起,为当地居民提供更加多元化的致富途径,并且把"花儿"作为当地的重点文化产业之一,通过各种方式努力提升实力和规模。"花儿会"是一项非常重要又十分独特的民俗活动,它所产生的巨大影响和作用已经被越来越多的人认识并接受,只有当人们真正接触到"花儿"所带来的甜美滋味,深刻认识到"花儿"所蕴含的物质上的珍贵价值和精神上的愉悦,才会在潜移默化的影响中有意识地投身于"花儿"的开发和保护之中。由此可见,当地政府应充分挖掘和利用好"花儿"资源,让它成为一项具有经济价值的重要产业。例如,在积极推进文化旅游的过程中,青海省大通县政府将老爷山景区作为"花儿"艺术的根基,创作了一部地方特色浓郁的情景剧《花儿唱红老爷山》,以大通的"花儿"为主题旋律,引起了社会各界的广泛关注。民歌的繁荣不仅为传承民间艺术提供了契机,也促进了少数民族地区旅游产业的发展。

三、民间美术的产业化探索

以河北蔚县剪纸为例。

蔚县剪纸是一项源自明代的民间艺术,以独特的艺术风格和享誉国内外。蔚县剪纸并非简单的剪裁,而是以雕刻的方式,汲取了传统民间艺术形式的独特之处,如河北雕刻刺绣花样等。蔚县剪纸用薄宣纸作为基础材料,通过精巧的雕刀手工雕刻,并且经过画、订、浸、刻、染、包六道工序才能出品,最终呈现出鲜艳明亮的色彩,成为高品质的成品。剪纸的构图呈现出朴实和饱满的风格,造型栩栩如生、优美逼真,色彩对比十分鲜明,散发出非常浓郁的乡土气息。它还是全国唯一一种以阴刻为主、阳刻为辅的点彩剪纸,至今已有200余年的历史。2003年8月,全国剪纸专项工作会议在蔚县成功召开,蔚县被命名为"中国剪纸艺术之乡""中国剪纸艺术研究基地"[①]。

蔚县剪纸大部分出自世世代代不知名的农民艺术家之手,乡村生活气息浓郁,题材广泛。种类有戏曲人物、鸟虫鱼兽,还有对农村现实生活的描绘等。最初,这种物品被用于装饰窗户,特别是在重要的节日和喜庆场合中用于增添喜庆气氛,后来逐渐演变成了民间的一种传统艺术形式,并被广泛地运用到生活中,形成了丰富多彩的剪纸文化。目前,蔚县的剪纸艺术已演变

---

① 崔元培,刘鹏,刘丽影.非物质文化遗产视角下农村特色文化产业发展对策——以蔚县剪纸为例[J].环渤海经济瞭望,2014(6):38-41.

为一件非常具有观赏价值和收藏价值的民间艺术珍品,同时也成了国家级馈赠礼品。随着国内外对非遗保护与开发的重视,以及国家号召大力发展文化产业的背景,蔚县文化主管部门十分重视剪纸的产业化,成功打造中国蔚县剪纸产业园区,如"中国蔚县剪纸博物馆""中国剪纸第一村"等,这些项目构成了一个完整的剪纸产业链条,涵盖了展示、营销、基地和培训等多个环节,并且逐渐形成了一种集创意设计、加工剪刻、推广销售于一体的运营模式,使其不仅成为全球剪纸产业的交易枢纽,还成为剪纸产业的中心。2010年蔚县剪纸被列入河北省30个重点文化建设项目之一,2011年蔚县剪纸荣获"CCTV7《乡土盛典》最具活力民间文化产业"殊荣,2012年蔚县被评为河北省文化产业十强县之一。目前,蔚县政府将剪纸艺术作为强县富民的特色文化产业来抓,吸引了大量人才、信息和资金,带动了全县绿色产业快速发展,对研究我国农村文化产业的发展具有代表性意义,对传承和保护非遗,弘扬中国传统文化具有重要的实践意义。

蔚县剪纸能够发展成为规模产业,成为县域经济的龙头,除了政府重视,还有其他因素。首先,蔚县地处京津冀三角地带的中心,历来是交通要塞、各民族融合之地,便于文化交往。其次,有着深厚的文化底蕴,县内有众多文化资源。最后,当地居民没有放弃这个难得的机会,积极推进剪纸和与其相关的产业的进一步发展。2012年全县生产剪纸600多万套,产值达到约5.08亿元,约占全县GDP的6.4%,成为重要的富民产业和新兴支柱产业,产品行销100多个国家和地区。[①]

四、手工技艺产业化的探索

以易水砚制作技艺为例。

易水砚,古称奚砚,东汉时期已经开始生产,历史悠久。因砚石产于河北省易县的易水河南岸黄龙岗和西峪山,故名易水砚,是我国名砚中的瑰

---

① 郭安丽.河北蔚县:"小剪纸"带动文化发展"大产业"[N].中国联合商报,2013-07-15(F01).

宝。易砚，凭借卓越的石料天赋，独特的艺术风格，在千百年的历史长河中享誉全球。《保定名产》记载："易砚石质不亚于端溪"，"砚石有紫、绿、白诸色，质细而硬，为砚颇佳"。在清代，易水砚的雕刻之美备受青睐，尤其是康熙和乾隆二位皇帝曾经把易水砚视为无价之宝，赠予身边亲近的大臣，以示珍视。

历史上，易水砚的制作以家庭作坊为主，零星经营，规模有限。中华人民共和国成立后，曾将个体经营的家庭制砚作坊通过公有化变为集体所有，易县成立了县工艺美术厂，但生产规模有限。随着钢笔代替毛笔成为主要书写工具，尤其电脑、打印机等现代办公用具的出现，作为文房四宝之一的砚台逐渐淡出社会，逐渐退出历史舞台。有限的几个集体所有制的砚台制作企业生存陷入困境，面临倒闭。改革开放之后，易水砚迎来了新的发展阶段，逐渐从实用器向艺术品方向发展，以前濒临倒闭的集体制砚企业纷纷改制，或被重组成立公司，包括河北易水砚有限公司、河北省易县易水砚开发总公司等。其中，河北易水砚有限公司注重产品转型和市场开拓，充分利用易水砚的传播效应，把易水砚产业越做越大。

河北易水砚有限公司前身是建于1989年的燕下都易水古砚厂，由易水砚代表性传承人邹洪利夫妇筹资兴办，后改制为有限公司。他们对传统产品进行创新，一是提升易砚的艺术性、观赏性和收藏性，将其从实用商品转为艺术品、收藏品；二是拓展易砚的表现力，使之题材广泛，丰富多彩；三是提高制砚艺人素质，培养了一批制砚名匠和雕刻大师，出精品创名牌。邹洪利在2004年中法文化年之际倾注心血，精心打造了一方无与伦比的"乾坤朝阳砚"，并且赠送给前来访问的法国领导人。邹洪利于2007年设计并制作了一件名为《中华腾龙砚》的巨砚杰作，无论是在重量和体积方面，还是在工艺方面均达到了世界之最，目前已被载入吉尼斯世界纪录。

河北易水砚有限公司首开中国制砚业工艺化制作和巨砚制作之先河。设计创作的作品在国家级、省级评比中屡获殊荣，精品"归缘砚""菊花牡丹砚""家春秋砚""群星璀璨砚""书简砚"分别被北京园博园、中国军事博物馆、巴金文学院、清华大学、人民大学等国家机关、重点大学等收藏,多次作为国礼,被赠送给外国总统与友人,彰显了其深厚的文化底蕴和卓越的礼仪风范。作品曾获全国文房四宝艺术博览会金奖、中国名砚博览会金奖、中国特色产业精品金奖等100多个奖项。易水砚也注册了"易水"商标,成为四大名砚之一。

五、民俗产业化的探索

以女娲祭典为例。

涉县位于河北省西南部晋冀豫三省交界处,在城西的古中皇山上矗立着娲皇宫,占地面积达550亩(每亩约667平方米),是我国现存的古代建筑群之一。建筑物包括广生宫、朝元宫等,这些建筑被划分为两个区域,即山下与山上,并通过十八条蜿蜒的山路相互连接。这些古建筑,便是为祭祀女娲而建。娲皇宫始建于北齐天保年间,距今已有1450多年的历史。相传每逢农历三月十八日,女娲诞辰之际,来自晋、冀、鲁、豫四省的朝圣者纷至沓来,齐聚娲皇宫,共同庆祝女娲的诞辰,最终逐渐形成娲皇宫庙会,产生了非常深远的影响。

在中国古代神话传说中,女娲与伏羲同为人类的始祖,被尊为"三皇"之一。女娲在传说时代就已经出现,并一直到今天仍流传于广大群众之中。作为高媒之神与始祖母神,古时女娲就受到统治者和百姓的祭拜和供奉,在人们的日常生活中有着不小影响。

明清时期,公祭活动已经在涉县周边的村庄广泛开展,几乎每个村庄都有自己的社,甚至出现了一个村庄多个社的情况。自清康熙年间起,上顶朝拜的社有石门社、索堡社等,每社设"社神"一人,神位由本家老人轮流担任。在农历三月初一这个特殊的日子里,各社的组织人员去朝拜,并且规模不一,有的上千人,有的则只有几百人,他们全部身着华美的古装装扮。社日这天,除参加祭祖外，还要进行祭祀仪式，即由本社成员轮流担任主持，并邀请当地能工巧匠制作各种器物，以显示自己的实力和地位。献上的祭品包括时果三珍、三牲太牢等，祭器设备则包括祭旗、功德旗等。整个仪式十分庄严隆重，场面宏大，一条长龙蜿蜒而上，庄严肃穆，气势磅礴，令人叹为观止。在此过程中，人们还可以听到或看到各种不同形式和内容的歌舞表演，如锣鼓秧歌、高跷舞、芦笙舞等。音乐、舞蹈、服装、道具等丰富多彩的文化元素被巧妙地融入传统民俗活动中，并为其注入了独特且丰富的文化内涵。四方来宾先在弹音村行客拜礼，后在娲皇宫内朝拜。十道社在香誉和社首的有序领导下，汇聚了千名成员，包括戏班、娱乐班和武术班等。娲皇宫庙会的核心是女娲祭典，作为一项源远流长的传统民俗和民间宗教文化活动，旨在歌颂人类始祖女娲的伟大事迹，如炼石补天、立四极等，其中形式多种多样，有公祭、朝拜等，可以说"人神合一"的祭祀仪式为整个庙会提供了精神动力和物质保障。女娲信仰的传统习俗在庙会期间得到了充分的展现，其中包括求吉避凶习俗、婚姻习俗等。娲皇宫内，无数香客从四面八方拥来，祈求神明庇佑，其中尤以"祈年"最为隆重和热闹。祈禳是一种仪式，旨在祈求财富、幸福、美好未来等，活动形式多样，有迎神舞、祈雨祈福等。

涉县女娲文化有着十分悠久的历史，源远流长，蕴含着丰富多彩的文化内涵，其中以涉县女娲文化的历史渊源和沿革为主要代表，庙会的演变历程展现了深厚的文化底蕴。从历史发展上看，随着社会经济和生产力水平的不断提高，女娲文化也发生着相应的变化。以涉县为中心的河北邯郸、山西晋东南以及河南安阳等地区，是女娲文化的主要聚集地。女娲文化对当地居民的礼仪、节日等民俗活动产生了深远的影响，这种影响至今仍然存在。女娲文化，作为始祖文化的重要组成部分，蕴含着深厚的文化内涵，其中包括祈禳还愿、神话传说等多种形式，广泛流传于各地。每逢重要的岁时节庆日，如端午节、中秋节等，人们都会前往娲皇宫，向女娲致敬，同时将这些传统节日视为女娲赐予他们幸福与庆典的欢乐。

随着社会经济发展，人们物质生活水平提高，旅游开发等活动使庙会活动日益频繁，从而给庙会带来前所未有的机遇与挑战。娲皇宫庙会在1978年改革开放以后，逐渐恢复往日的盛况，民间祭祀规模逐渐变大，八方香客齐聚，祭祀形式多样，女娲文化得以延续并获得有力保护。娲皇古建筑备受县委、县政府关注，每年拨出专款进行抢救性修复，1996年11月20日，娲皇宫荣膺国务院公布的全国重点文物保护单位。

女娲文化融合了人类生存文化、婚姻文化和生育文化，形成了一个综合性的文化体系，不仅具有重要的研究价值，还在促进民族团结、构建和谐社会等方面发挥着十分重要的作用和意义。如今如何保护和传承民族传统优秀文化是我们必须面对和解决好的问题。《第一批国家级非物质文化遗产名录》于2006年公布，这标志着我国已经进入了保护和传承优秀民族传统文化的新时期，而民俗女娲祭典的成功入选则为进一步发掘整理与开发利用这一珍贵遗产提供了良好契机。为了充分彰显女娲精神的卓越价值，快速推动地方经济发展，当地政府决定在每年9月25日至10月10日在本县举办"中国·涉县女娲文化节"。涉县旅游开发有限公司拟投资五亿余元建设"娲皇宫景区旅游基础设施建设项目"。

六、传统体育产业化的探索

以吴桥杂技为例。

在古老的民族传统文化和习俗当中，吴桥人以高超的杂技技艺著称。自古以来，吴桥便是庙会胜地，境内庙宇林立，庵寺错落有致，庙会盛况空前。其中，用庙命名的不少于十座村庄，如霸天庙、双庙王等，如今仍以庙宇闻名；大悟寺、石佛寺等十余处村庄，皆以寺命名，在这些村庄里，都有自己的庙会，并形成了各自独特的民俗民风和文化特色；不少于十个村庄以庵命名，其中包括董家庵、牟家庵等。明清时期，民间杂技艺人以演出杂技为主。庙会是杂技表演的舞台和场所，杂技则是吸引香客前来的重要活动，两者相得益彰，相互促进，相互发展。随着时间的推移，吴桥的风格逐渐演变为一种传统的艺术形式。

1991年，吴桥的居民遵循以经济建设为中心的正确指引，提出了一个构想，就是对丰富的杂技文化资源进行深度的挖掘与开发，更好地促进旅游业的进一步发展，从而建立一个真正的吴桥杂技大世界，实现"杂技表演，经济演出"的目标。该项目总规划面积达3000亩，总投资额高达1亿元，主要由三大板块构成（商品集散区、杂技旅游区和人才培养开发区），涵盖了旅游、博物馆、人才培养等功能。1993年11月，杂技大世界系列工程顺利完工，并逐步向公众开放，其中江湖文化城、吕祖庙、孙公祠等仿古建筑群，坐落于南部地区；中部为杂技娱乐中心，包括综合馆、演艺厅等建筑及配套设施，形成一个功能齐全、布局合理、富有特色的综合性娱乐场所；北部的中心广场被现代建筑群环绕，包括杂技奇观宫、杂技宾馆餐厅等。南北之间由16根巍然屹立的大理石杂技历史图腾柱相连，从高空鸟瞰全景，一辆杂技独轮车的造型展现在人们的眼前，将吴桥杂技的发展历史充分反映出来，同时也展现了非凡的技艺和气势恢宏的形象。

杂技大世界有着不同其他地方的艺术风格，景区有丰富多彩、形式多样的文化资源，游客可以在景区中欣赏到一系列卓越的杂技节目，并且节目编排新颖独特，服饰绚丽多彩，技巧难度丝丝入扣，表演动作优美舒展，为游客带来了全新的视觉享受，赢得了全球游客的一致赞誉，并被列入奥运旅游线路，首批"AAAA"旅游景区。2013年接待国内外游客51万人次，景区门票收入突破3000万元，游客及综合收入以20%每年的速度快速递增，展现出良好的发展态势，成为杂技之乡的品牌。现如今，杂技产业在促进经济增长、增加农民收入、繁荣农村文化生活等方面发挥着越来越重要的作用。吴桥县直接从事杂技和旅游服务业人员达3万人，开发的产品达60大类800多种规格，这些企业为杂技文化的发展增添了活力和后劲。[①] 近年来，该县坚持"传

---

① 曾玉芳,闫文儒,刘保恒,等.开拓创新 凝心聚力 做大做强杂技文化旅游产业——吴桥杂技大世界景区开业二十周年记[J].杂技与魔术,2013(6):10-12.

承创新"方针，把继承传统杂技作为重要工作来抓，使其得到更好地弘扬和发展，取得显著成效。吴桥杂技于 2006 年 5 月 20 日获得国务院批准，被纳入《第一批国家级非物质文化遗产名录》。

  2013 年，央视八套黄金档播出了一部以吴桥杂技为主题的电视剧——《闯天下》。该电视剧的热播，为推广吴桥杂技艺术，促进杂技文化产业的繁荣发展注入了全新的动力，也为吴桥杂技大世界景区的宣传促销提供了全新的发展机遇。吴桥杂技大世界景区借助电视剧热播，带动了当地群众参与旅游开发，促进了文化创意产业发展。景区充分运用高科技，加大宣传促销力度，使客源市场稳步升级。以影视拍摄基地为宣传卖点，精心策划全新的"江湖八大怪"民俗品牌营销，除此之外，还在央视和省级卫视制作和播出十余个专题栏目，通过各种媒介载体，尤其是具有较大影响力的网站，积极地宣传推广和造势，使景区品牌影响力与知名度得到有效的提升；推广旅游优惠政策，为各地旅行社提供沿途挂线服务，以凸显旅游业的惠民和便民特色。

第四章　非物质文化遗产与文创产品

本章围绕着非物质文化遗产与文创产品,对非遗的文化资本属性及构成、非遗与非遗文创的关系、非遗文创产品的开发模式、非遗文创产品发展的措施展开分析。

第一节　非遗的文化资本属性及构成

一、非遗的文化资本属性

（一）非遗是文化资本，具备双重价值

非物质文化遗产涵盖观念、知识、风俗和信仰等多种形式，这些都是无具体形态的，属于无形的文化资本，而承载这些无形文化的工具、场所与空间，属于有形的文化资本。非物质文化遗产是一种独特而宝贵的资源，它可以通过多种方式加以开发利用，且其所蕴含的有形文化资本，具备文化、经济等方面的价值，其蕴含的无形文化资本，也具备潜在的文化和经济意义。

非物质文化遗产的有形资本主要指的是物态化的非物质文化产品，这些产品具有客观可感的特点，主要包括传统技艺、传统美术和传统医药，不管是优秀剪纸作品、张小泉剪刀，还是一套华美的云锦服装、一座古老的建筑物，都属于非遗的有形资本，这些都是非遗项目中的实物形态或物质上的具体体现。这些非物质文化遗产具备独特的非遗技艺，如张小泉剪刀所对应的独特的锻造技艺、某个建筑物所应用的搭建技艺，都彰显了非遗核心技艺的精髓。剪刀在非遗有形文化资本中的材料和实用功能，不仅具备经济价值，更是一种具有深远意义的文化遗产，它可以成为商品进行交换并实现其使用价值，同时也可以作为文化创意产品被开发和利用。由此可知，非遗有形文化资本的经济价值可被视作非遗实物载体的经济价值与整体文化价值的加和，且不同的产品，文化价值占比不同，但毋庸置疑的是，无论何种产品，至关重要的价值因素总是文化价值。非物质文化遗产作为一种特殊商品，其无形文化资本与有形文化资本相比有更大优势，其经济价值主要体现在其蕴含的非物质文化遗产价值上。

非物质文化遗产所蕴含的无形文化资本，指的是那些缺乏实物载体的观

念、风俗与语言等，主要涉及传统舞蹈、民间音乐、传统体育、传统戏剧、民俗、游艺和杂技等多种形式。这些非物质文化遗产所蕴含的无形文化资本所具备的文化价值很高。由于其本质上是无形的，其主要载体是人，这就导致其容易因人们的忽视而失去应有的价值。当获得投资后，这些非遗也有可能转化为其他产品或其他服务，而后进入市场参与竞争，从而提高其文化资本。因此，在当前我国非物质文化遗产保护和传承工作当中，我们应该注重对非遗无形资产的开发和利用，使其真正为文化产业所增值，实现其社会价值与经济效益。

（二）非遗发展中的文化资本变化

随着非物质文化遗产保护工作的不断深入，其文化资本呈现出螺旋式增长态势，这一特征贯穿其萌芽、蓬勃发展，再到鼎盛时期的全过程。文化符号的根本原因。非物质文化遗产具有鲜明的地域性和民族性特征，其传播途径包括口头传承、表演艺术、影视传媒等多种方式。此外，非物质文化遗产的主要承载者是人类，而人们往往将非遗传承人的数量、非遗传承群体的数量以及非遗传承者的技艺精湛程度作为衡量非遗发展进度的标准。衡量非遗文化资本存量的标准在于其蕴含的文化、技艺、历史和科学等方面的价值。因此，在非遗对社会经济影响中，它所产生的直接效应和间接效应都是不可忽视的。虽然两者之间存在一定的相关性，但我们必须对其明确区分。非遗中所包含的知识和技能都属于文化资本范畴。

在非遗文化资本存量得以上升的各种境遇里，非遗文化符号的空洞化、解构与构建都是比较重要的。"任何文化符号都有一定程度的空洞化，也都有不同的空洞化的时间的延续。"[①] 文化符号是能指和所指的统一体，我们可以将非遗的能指理解为外在形式，将其所指理解为文化内涵，例如，在春节这一非遗中，放鞭炮是一种外在形式，即能指，驱赶年兽、避灾、祈福是这一外在形式对应的文化内涵，即所指。空洞化的文化符号是文化创意的原点和

---

① 王万举. 文化创意学 [M]. 石家庄：花山文艺出版社，2017：59.

逻辑起点。所指饱满丰富的文化符号，已经被人们广泛接受和了解，再加入新的所指内容（赋予其新的内涵）是容易被排斥的。但是一旦非遗文化符号空洞化，符号所指内容被人们渐渐遗忘，符号再根据人们的需求赋予新的形式、文化意义时，非遗文化符号会重新建构，其中所包含的文化资本存量也会上升。

二、非遗的文化资本构成

（一）身体化文化资本

对于非遗的保护与发展而言，非遗传承人可谓至关重要。非遗传承人自身具备将某种国家级非遗传承下去的文化能力，这种能力不是有形的，且无法脱离非遗传承人的身体而独立存在。所以，我们必须深刻认识到，非遗传承人在非物质文化遗产的传承和发展中扮演着至关重要的角色，因为非物质文化的活态传承涉及特定的人类个体，只有通过保护这些个体及其传承机制，我们才能从濒临灭绝的危机中拯救出大量珍贵的遗产。这种文化资本的积累不仅无法超越个别行动者及其表现能力，它还会随着占有者个体的生物能力、记忆等因素的共同作用而逐渐走向衰亡。此外，我们还需要认识到，由于获取这种"文化资本"的难度较高，需要耗费大量的时间和精力，同时该文化资本也与个体的学习能力、内化能力密切相关。所以在这个过程中，我们必须对它进行必要的引导。如果行动者所积累的知识和修养，在未经充分地吸收和消化的情况下就转化为精神和身体的一部分，那么它很可能会流于表面，仅仅发挥临时性装点门面的作用。

非遗身体化文化资本的持有者并非仅限于非遗传承人本身，因为非遗往往是由某一特定社区或群体在较长时间内所积淀的文化、经济和社会生活等元素所构成的整体。非遗身体化所产生的价值和意义不仅在于对文化遗产本身的传承保护与发展，还在于其作为一种文化符号能够给人们带来精神上的满足，使之成为一个民族共同认可的身份象征。因此，非物质文化遗产的群体成员是数个具备非遗身体化文化资本的人。对于若干非物质文化遗产项目而言，非遗身体化的文化资本，也就是非物质文化遗产技艺的持有者数量相当可观，这也说明了非遗传承与开发对社会来说是很重要的事情。然而，我们也应看到，还存在一些濒危的非遗项目正面临着人亡艺绝的处境。在这种情况下，我们需要将非遗从一种单纯的"物质性"转化成为"精神层面上"的东西——通过身体的方式来表达和传递这些非物质遗产所包含的思想内涵。只有将身体化文化资本注入非物质文化遗产的发展、保护和传承中，才能激发其资本价值，因为这种资本具有创造性、排他性和获利性等方面的特征。

（二）具体化文化资本

非物质文化遗产所蕴含的非物质文化资本，是非物质文化遗产的外在客观体现。在非物质文化遗产中，"主观"与"客观现实"是两个不同概念，但两者都具有一定程度上的主观性和可观察性。此处所强调的"客观"指的是一种可见的客观存在，如一场歌唱表演、一道美味的菜都是客观存在的体现。在非物质文化遗产中，最常见到的是那些以实物形态存在而没有文字记载的非物质文化遗产，这些非物质文化遗产是有形的文化财富，可以直接或间接地被人类占有。布迪厄强调，文化产品只有被占有并作为一种投资参与到文化生产的斗争之中，才能成为一种有效的资本而存在，才能获取一定比例的物质或象征的利润。[①]那些被遗忘或被忽略的非遗制品，其内在的价值无法得到充分的实现，甚至其原有价值往往会随着物品本身的消损而逐渐消失。因此，我们需要通过各种方式对其进行开发、利用并将其同其他资源结合起来形成一种特殊形式的非物质文化遗产。只有在非遗产品被占有并成为有形文化资本，参与"生产斗争"中的"维护性投资"和"新投资"之后，我们才能将其运用于场域中，这个投资过程也是展示劳动多样化的过程。非遗产品所获的资本投入量是决定其未来发展方向的关键因素，这一要点涵盖两部分内容：首先，对非物质文化遗产所代表的自身价值进行深入解读，并对非遗

---

① 滕国宁，李珍连. 布迪厄文化资本理论之我见 [J]. 中外企业家，2011（22）：210-211.

产品在市场竞争中所处地位和所起作用的分析；其次，非物质文化遗产积极参与到"生产斗争"中，以不同的方式实现自身的价值和意义。从非遗本身来看，它具有传承性、历史性和地域性特征；从其与社会生活结合的过程来说，它又有创新性、民族性、时代性等特点。非遗产品在"生产斗争"中的成败，取决于上述两个方面的内容，这些内容也是文化市场中文化产品互相竞争的重点。

作为一种有形的文化资本，非遗产品本身具有显著的经济价值。非物质文化遗产所蕴含的经济和文化价值代表着两种截然不同的内容，任何一件非物质文化遗产工艺品，其内在的经济价值在特定时间和地点是固定的，因此可以进行评估。需要注意的是，非物质文化遗产艺术品的市场价值高于其内在的经济价值，这种情况的出现是因为其增值的部分是文化价值，是以货币的形式展现出来的文化价值。

（三）制度化文化资本

当前，我国的非物质文化遗产被划分为差异明显的四个等级，每个等级所对应的非遗传承人存在级别差异。随着时代变迁，非遗逐渐呈现出了一种"碎片化"的状态，其保护工作已经成为一项迫在眉睫的任务。国家采用非遗资格评审制度，将国家话语权融入非遗的发展过程中，以确保非遗不会逐渐走向消亡，同时也确保其发展始终处于文化进步的轨迹中。从非物质文化遗产本身来看，它既具有自身独特的价值和意义，同时又与其他文化形态有着紧密的关联。在非物质文化遗产的内部，非遗所属级别不同，所拥有的文化资本存量也会不同，这导致了非遗内部，特别是类别相同的非遗内部存在十分激烈的竞争。高层次的非物质文化遗产在竞争中所处的地位、政府所提供的政策支持以及其原有的知名度，在水平上均比第一级别的非物质文化遗产要高，因此其更具竞争力。非物质文化遗产的外部，其制度化为文化资本所带来的权力，是一种无形的文化资本，但其背后所蕴含的权力可以被视作资本的成功获得。

非物质文化遗产的制度化文化资本一直是依托于其内在本质而存在的,同时也为非物质文化遗产的传播和非遗商品的销售提供了便利。

(四)不同类型非遗文化资本间的关系

根据场域理论,资本之间的整合、博弈和竞争的真正纽带是市场,而竞争的焦点是借助资本的转换和流通来获取更多的资本增量。在这种背景下,无形文化资本和有形文化资本作为两种基本形式的资本形态,在传承发展过程中呈现出各自不同的特点。无形文化资本和非遗商品有形文化资本之间的相互转换和相互制约,彰显了文化资本与经济联系的紧密联系,这种联系的载体主要是非遗传承人和非遗等级制度。

在非遗资本属性向外释放的过程中,非遗文化资本可以通过文化功能、文化逻辑去优化非遗文化本身。身体化文化资本是非遗最为核心的资本要素,它在很大程度上决定了非遗商品所体现出的价值。身体化文化资本往往将非遗产品当作展示文化的载体,且包括非遗传承人在内,从事传统手工技艺类相关行业的人都是以非遗产品作为解决生活需要的来源。也就是说,只有将自己通过特殊技艺创造出的产品投入市场销售出去,他们才能获得报酬。随着非遗工程的推进,全国范围内掀起了一股"申遗"热潮,越来越多的文化遗产被认定为非物质文化遗产,同时也有越来越多的人被授予不同级别的非遗传承人的荣誉称号。可以推断,非物质文化遗产的文化资本在一定程度上是创造了大量非物质文化遗产商品,并获得了非物质文化遗产制度性文化资本。

第二节 非遗与非遗文创的关系

一、非遗和非遗文创的共生关系

作为一种重要的精神生活方式,文化创意产业已经成为全球经济增长的新动力之一。将非物质文化遗产研究、工艺技术和设计创新进行有机融合，是提升中国本土文化创意产品发展效率的一个行之有效的方式。在本书里，作者所述的"非物质文化遗产创意产品"（简称"非遗文创"）是一种以非物质文化遗产为基础资源进行设计的文化创意产品，其设计理念遵循积极发展的思路。在"非遗文创"中，非遗与文创产品之间是相互促进、相得益彰的，而"非遗文创"的形成主要在于保持非遗的"本真"，这是贯穿于"非遗文创"始终的精髓所在。"本真的传承"和"文创的发展"都需要"本真性"的保护、延续和发扬。无论是非物质文化遗产还是文化创意，都伴随着各种形式的创意变化，而在这些变化中，"本真"可以做到"恒久不变"。真正的非遗之魂在于"本真"，它对于设计而言则是一种"枷锁"，设计师需要深刻理解其本质，在设计时就像戴着枷锁跳舞。成功的创意能够让某项濒临失传的技艺起死回生，而深厚的历史文化内涵则能够让文创产品具备更高水平的附加价值，使其格调和品位得到提升。

负责大英博物馆文创开发的约翰·罗伯特表示："我们遵循的原则是，避免因为新潮设计而使衍生品带有廉价的消费质感、丧失文化的本性品格。"[①] 这里所说的"本性"就是本真，任何文化的本性品格，都是其本真性特征的体现。只有对文化的本真性或本性品格加以悉心保护与传承，这种文化的精髓才可以一直流传下去。

在各式各样的非遗相关文创产品中，有些以非遗独特的造型图案为灵感源泉，有一些以其深厚的文化内涵为灵感源泉，还有一些以其精湛的手工技艺为特色，这些文创产品都具有一定的历史价值和艺术价值。在文创产品的设计中，有些设计师可能会倾向于追求造型图案和文化内涵，这是因为他们已经摆脱了传统的材质和工艺的思想束缚，所创作的产品更容易实现批量生产，但这也意味着这些产品的仿制难度不大。在当前社会发展阶段，知识产权的保护面临着诸多挑战，简单的形式往往缺乏技术壁垒。这一类产品的主

---

① 翟海月.艺术衍生品：全球艺术收藏新贵[J].理财，2021（2）：62-64.

要目的在于推广非物质文化遗产,但对于非遗传承人而言,其直接效益往往比较有限。如果传承人本人也被赋予了设计师的身份,那么情况将会有所变化。在成为设计师后,非遗传承人不仅会获得报酬,也可以收获精神层面的尊重,这可以在很大程度上促进文创产品建设与非遗传承。

非物质文化遗产时刻处于变化之中,它并不是一成不变的,其具备很强的流变性。针对生产性方式保护,吕品田认为:"如何既保持传统技艺的流变性却又不至于'流失'其核心技术和人文蕴涵,避免造成其技术本体和技术形态的蜕化、变形?或者,如何于生产性方式保护过程中,积极而贴切地利用传统技艺的流变性,在符合文化发展规律和手工艺规律的基础上进行技艺创新?这是'生产性方式保护'需要认真研究和深入探讨的理论与实践问题。"[①] 非遗的流变性是一种独特的表征,它通过时间和空间进行传播。在空间维度上,非遗可能会经历跨越地域的流变,这种流变性可能以学习、交流或贸易等方式,从一个地区传播到另一个地区,并在传播过程中发生变化;在时空方面,非遗传承人对其传承的项目会做出调整,以适应新时代下社会文化需求和市场环境变化。此外,在代际传承的过程中,非遗文化也会发生演变,或许会在某一位技艺精湛、具有革新性的传承人的引领下蓬勃发展,或许会随着人们生产生活方式的转变而发生变化,也有遭遇各种困境逐渐衰落的可能。"非物质文化遗产的传播是一种活态流变,是继承与变异,一致与差异的辩证结合。……虽然有变化和发展,但仍然存在基本的一致性。"[②] 这里所说的"一致性",是指非物质文化遗产的文化精髓和文化本真,也是非遗产品得以存在的核心根基,从侧面反映出非遗文创产品已经将非遗文化融会贯通。

在传统观念中,非物质文化遗产的演变是通过传承者之手实现的,而"再设计"的产品则是由设计师来创造的,但就实际情况而言,这种演变和"再

---

① 吕品田. 重振手工与非物质文化遗产生产性方式保护 [J]. 中南民族大学学报(人文社会科学版), 2009, 29(4): 4-5.
② 王文章. 非物质文化遗产概论 [M]. 北京: 教育科学出版社, 2013.

设计"的之间的边界并不一定明确，甚至有时一个人可以既是传承人又是设计师，虽然从文化学的角度看，传承人和设计师属于不同的领域。在某些与工艺美术相关领域的项目里，传承者常常充当设计师一角，而一些工艺美术从业人员则可能是某家企业的负责人、跨界资本运作人，或者是某个细分领域的艺术家。在将非物质文化遗产视为自身产品的起源后，企业主们、艺术家们所创造的一些产品有机会融入非物质文化遗产的体系里，而后被公众和相关学者们认可。在这个过程中，他们对传统技艺的尊重和他们的传承意识被逐渐树立起来，并以自己独特的视角来审视这一古老而又充满生命力的艺术形式。最近几年，文化创意产业已成为社会瞩目的焦点，众多设计师开始对非物质文化遗产领域展开研究，探索并规划以非遗及其相关内容为主题的文创产品设计方案。

如图 4-2-1 所示，是非遗研究、工艺技术、设计创新的关联图。我们需要深入思考它们之间的相互关系，这三者之间存在着紧密的联系。只有将非遗研究、工艺技术和设计创新三者紧密结合，才能创造出既具有民族特色，又兼具功能和内涵的文化创意产品。

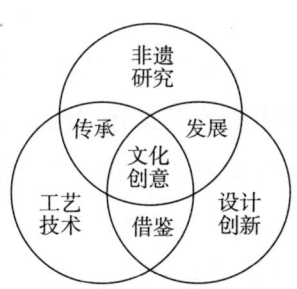

图 4-2-1 非遗研究、工艺技术、设计创新关联图

二、非遗文创是非遗与文创的深度融合

秉持加法对非物质文化遗产研究与文化创意产品进行融合显然是行不通的，这种操作需要个性化定制。就所拥有的世界级非遗项目而言，中国可谓

傲视全球，并且中国国内的国家级、省级、市级、区县级等不同级别的非遗项目数量众多。目前，国内已有许多优秀的非遗传承人，当然也有一些非遗文化尚待发掘。面对如此广袤的文化草原，将非物质文化遗产与文化创意相融合，更需要秉持具体情况具体分析的原则，不能简单地用某些定制化言语进行盲目概括。当下，只有少数的非遗文创项目能够拥有足够的吸引力，其中一些是通过偶然的机遇而形成的，而另一些则是设计师和手艺人坚守文化、坚守情感的成果，还有一些则来源于传承人开阔的视野和创新思维。然而，并非所有非遗项目都适合进行文创设计，更不存在某些可以简单套用的文创模式。

当面对琳琅满目的非物质文化遗产项目时，我们要以传承者为中心，让策划者和设计师对其项目和具体传承情况进行逐一考量，以"量身定制"的方式帮助传承人对产品进行改良。实际上，策划人和设计师扮演的角色与"经纪人"十分接近，与那些浮躁肤浅的文创"泡沫"相比，这种模式具备很高的尝试价值。目前，国内许多城市都在积极推进文化创意产业，但真正能成功实现产业化的并不多，其中一个重要原因就是缺少优秀的设计师和创意人才。

在高登科、邓超的《文化蒙太奇：民艺的语境错置与转化的生机》一文里，他们强调："表面看上去我们在帮助传统民艺探寻新的发展路径，其实是民艺在给我们不断地提供心灵的滋养；不是民艺缺失现代性，而是我们的现代文化断层太严重。难点是掌握文化话语权的人们如何甘当客体，与手艺人共生发展。"[①] 抱着学习的想法，他们积极地投身于采风与再设计，并力求构建可以承载民间艺术沟通交流、探讨当代文创产品的平台渠道。

---

① 高登科，邓超. 文化蒙太奇：民艺的语境错置与转化的生机 [J]. 装饰，2016（12）：37-41.

三、非遗文创是非遗生产性方式保护

(一) 非遗的生产性方式保护

"所谓'生产性方式保护',便是切合手工技艺存在形态和传承特点,可以不断'生产'文化差异性的一种生态保护方式,或者说,这其实就是努力遵循非物质文化遗产自身规律的社会文化实践。以'手工'和'手工操作'为核心的这种保护方式,既切合手工技艺,也切合所有以手工生产实践为基础的非物质文化遗产的存在形态和传承特点,体现着文化生态保护的普遍需要。"[1] 这个定义是由吕品田提出的。生产性方式保护与其他类型的文化保护相比,有其特殊性,它不是以保存文化遗产为唯一目的而进行的物质与非物质遗产保护。联合国教科文组织提出的几种"非遗"保护措施,不仅有"记忆""存档",还涉及"发展和振兴",而生产性方式保护被认为是一种比较可行的发展振兴策略。

近年来,保护非物质文化遗产的生产性方式已成为一种新的理念,然而,对于那些在历史上一直在进行产业化制作和销售的非遗项目而言,这一理念并不陌生。从实质上来说,非遗就是一种文化资本,它与文化产业一样也具有商业价值。非物质文化遗产在生产、流通、销售等多个环节中的应用,不仅能够带来一定的经济效益,同时也能够与当代社会的语境很好地融为一体。文化创意产业的适时适量发展,可以为非遗注入内生的生命力,从而能够在生产性状态下实现对非遗的良性保护,这与其他制造业的产业化有所不同。在企业的发展中,追求经济价值是不同企业的共识,但不能单纯地为了追求经济利益而盲目开拓市场,因为生产性方式并不适用于所有非遗项目的保护。

一些非物质文化遗产项目不仅涵盖精神层面的文化概念,更蕴含着潜在的经济开发价值,它们可以被视为生产性方式的重点保护对象,如有些非物

---

[1] 吕品田. 重振手工与非物质文化遗产生产性方式保护 [J]. 中南民族大学学报(人文社会科学版), 2009, 29 (4): 4-5.

质文化遗产是经过长期发展形成的，其商业价值很高，因此，这些项目也适宜作为生产性方式被保护和传承。然而，生产性方式保护的做法并不适用于所有的非遗项目，比如一些严肃庄重的、神圣度高的、信仰人数多的非物质文化遗产项目，就不适合通过上述方式加以保护。并且，有些被列入国家级非物质文化遗产名录的项目，虽然已经进入了商业化阶段，但是仍然属于"活态传承"的范畴。在那些具有产业化传统和历史渊源的非遗项目中，有相当一部分始终秉持走向市场的原则，对于这些项目中的大部分，我们也可以采取生产性的方式进行保护。

生产性方式保护，并不是专门为生产状况良好的项目或单位机构而存在，这种保护方式主要针对那些存在生产价值，但现代市场接受度低的项目，采用生产性方式保护可以使其更加长久地生存与发展。除了遵循非遗自身的固有规律，进行生产性保护还必须切实遵循其内在的本质特征。也就是说，生产性方式保护不仅是为了满足人们日益增长的物质文化需求，而且也是在对非遗传统技艺的传承中实现可持续发展的重要途径之一。手工制作在展现手工艺类非遗的独特价值的同时，也受到了传统手工与现代规模化生产之间的矛盾的制约，从而限制了其大规模生产的发展。目前我国手工艺类文化遗产正面临着转型升级的巨大挑战和机遇，在新时代下需要进行合理定位。针对各种非物质文化遗产项目所面临的独特问题，在发展非遗时，必须遵循具体情况具体分析的原则，妥善处理保护与经营开发、传承与创新之间的关联，要将追求卓越、确保品质、保护传承人作为核心要素。

（二）非遗文创促使非遗技艺革新

在工业文明兴起之前，传统手工艺曾经辉煌一时，但随着工业化进程的加速和全球一体化的推进，一些传统手工技艺和艺人正面临着生存困难的局面。为了使传统工艺得以延续，国家就必须对传承工艺及其传承人加以保护和开发，这不仅有利于弘扬优秀传统文化，也有助于促进社会经济与文化事业的和谐健康发展。

在改良变革的传统观念里，规矩并非一成不变，而是需要根据具体问题进行具体分析，不能简单地笼统概括。传统是一个动态的概念，它会随着时代变迁不断调整自身结构与形式。我们不能单纯地认为文化基因仅仅是一种特定的材料或工艺环节，因为它是一种更为深刻的文化内容，蕴含着丰富的文化内涵。因此，保护与发展传统的技艺和材料必须结合当下的时代环境，以达到非遗活态保护与当代生活相融合的目的。对于某些技艺而言，必须在保持其原材料不变的同时，对其造型、工艺和功能方面进行相应的调整和改良；对于其他技艺而言，它们可以跟随时代发展，特别是在非遗受到外界影响而导致材料供应受限的情况下，传承者只能寻找新的材料，这也揭示了保持非遗本真性的关键在于技艺和材料真正蕴含的文化内涵：它们的创作目的是什么？它们是怎么来的？

苏州止观工作室的创始人李佳徽，在湖北省级非物质文化遗产项目"传统植物染料染色技艺"传承人黄荣华的指导下，积累了丰富的天然染色经验，对相关古籍进行了系统梳理和测验。止观工作室的经营范围涵盖了传统的染色教学和产品研发两大领域。工作室所提供的产品种类繁多，不仅有传统的围巾和台布，还包括各式各样的衣物、包袋、灯具、饰品、玩具等。

第三节　非遗文创产品开发模式

一、非遗技艺的传承体验模式

（一）开发成影视作品等无形文化服务

非物质文化遗产的身体化所蕴含的文化资本，在非遗传承群体中得以内化，形成了一种传承群体所具备的特殊内在能力。这种"能力"既包括个体对自己所从事技艺、技能等的认知和评价，又包含个体与其他群体之间的关系网络以及个体对自身生活方式的理解和认同。而这种能力作为一种文化，可以通过"劳动"这一媒介被传承群体呈现给其他人，这个媒介包括一般的生产过程以及独特的无形文化服务，其具有潜在的经济价值和象征资本。此开发模式适用于大多数非物质文化遗产项目。目前，该模式主要将身体文化资本转化为电影、综艺娱乐节目、话剧歌剧等多种影视艺术表演方式，且该开发模式已被广泛实践，最初与影视进行有机融合的非物质文化遗产包括但不限于民俗、戏剧和曲艺等。随着社会经济发展，人们对艺术的追求也越来越高，这使得影视艺术与民俗相结合成为一种趋势。在影视创作中，以民俗文艺为灵感来源或从其中提取素材的影视作品较多，专业创作者按照特定的创作意图，对符合需求的民俗文艺进行功能化、旨意化的重新排列组合，从而为观众呈现出全新的境界和审美体验。对于非遗而言，所蕴含的文化逻辑是其文化资本的核心，所表现出的地域特征十分鲜明。将这些表演艺术渗透在影片中，与影片融为一体，借助电影这一媒介，可以向观众传递非遗文化内涵，这种做法也可以为许多非物质文化遗产的发展注入新的活力。目前，尽管非遗项目层出不穷，但能够得到真正发展的却屈指可数，许多非遗项目的传承人缺乏足够的能力和渠道，无法将其发扬光大，因此，借助电影这一强有力的展示平台，我们可以有效地实现非遗项目的推广和发展。非遗文化资本作为一种无形资产和社会资源，在一定程度上影响着整个文化产业的竞争力与未来发展前景，因此如何通过电影这种媒介来实现非遗文化的传播成为当下研究的热点之一。在场域中竞争时，非遗文化资本需要获得多样化的"新的投资"，而对于表演类非遗，如戏剧、曲艺等，一个优越的发展平台将为其提供更多的资本优势。

随着非物质文化遗产的蓬勃发展，越来越多的非物质文化遗产与电影艺术融合，此外还包括与传统技艺、传统舞蹈等形式融合，甚至出现了以非遗为主题的电影作品。在当下这样一个大环境下，如何将非遗更好地运用于电影之中成为我们需要思考的问题之一。无论是作为影片的点缀元素还是作为主体，非物质文化遗产都能够通过电影这一形式呈现出深刻的文化内涵，从而引起更广泛的社会关注和更高的知名度，进而带来经济回报。

将非物质文化遗产转化为一档综艺娱乐节目的做法，能够让非遗内涵以更加灵活的方式呈现给公众。非物质文化遗产是一个国家或民族历史发展中积淀下来的精神财富，是人类文明进步的结晶。当前备受瞩目的真人秀节目，以其真实记录、激烈冲突和富有趣味性的特点，成为一档备受欢迎的综艺节目。在真人秀节目里，纪实性是节目中最重要的特征之一，具体表现为运用纪实性拍摄手段，将人物的情绪、态度、举止真实地记录下来，再呈现给广大观众。需要注意的是，参与者在特定情境下扮演特定角色，参与者在情感上、态度上、行为上的表达都要十分贴近真实。所以，就非遗类综艺节目来说，可以对非遗身体化文化资本展开更加真实的呈现，也可以借助综艺节目的戏剧冲突效果与明星效应、游戏环节"消解传统文化在其他艺术形式中的陌生化，使之得到相对朴素化的传播"[①]。

（二）开发成研学体验产品

对于非物质文化遗产的资本而言，非物质文化遗产的技艺始终是其核心，它拥有极具吸引力的特质。在当下的市场环境下，非遗资源与其他资源之间存在着一定程度上的不平衡。若过分开发、利用非物质文化遗产的技艺，将会对技艺本身造成破坏，从而削弱非遗的内在真实性。随着人们生活水平不断提升，消费者越来越重视产品的精神内涵和价值体现，并对于产品的功能提出了更高的标准。因此，要将非遗技艺文化资本与社会发展需求相融合，形成一个有机的整体，以适应其他领域的发展。对于传统技艺和传统美术类非遗而言，它们的制作过程中涉及多个步骤，有些简单易学，有些则晦涩难懂，因此可以从不同的学生需求出发，规划出研学体验系统课程。

参与非遗研学产品的开发模式，需要将非物质文化遗产的技艺，通过提

---

① 常昕.传统文化大众传播的精品意识——文化传承类节目《百心百匠》个案分析[J].中国编辑，2018（12）：19-23.

取其制作或某一环节的精髓,转化为一门非物质文化遗产研究体验课程。在研学实践中,学生可通过对当地文化资源的深入挖掘,结合自己所学专业,设计出具有地方特色的非物质文化遗产项目并进行大胆创新。参与体验型非遗研学产品,不仅涵盖传统技艺,还包括传统中医药、传统体育以及传统美术等多个领域的内容。在进行中医药炮制技艺的教学过程中,可以让学生身临其境地参与炮制的具体实操流程。应该注意的是,将中医药与现代科学技术相融合是当前我国对非物质文化遗产传承发展的重要趋势之一。为了使参与体验型非遗研学产品充分发挥非遗传承人的主体作用,我们需要在选择学习场所时对现有的文化空间进行充分运用,如非遗博物馆或博物馆中的非遗馆、各个地区的民俗博物馆以及非遗传习所、非遗传承示范研究基地等。此外,我们还需要关注非遗技艺的本真程度、课程的趣味程度、学生个体的参与积极性以及学生之间的沟通互动。

欣赏参观型非遗研学产品开发模式在传统舞蹈、传统音乐、传统民俗、戏剧曲艺、民间文学等非遗项目中有很高的适用度。在"非遗热"的情境下,很多景点都创办了多种多样的非遗表演节目。除了通过传统的手段展示非遗发展历史、非遗技艺流程和非遗优秀产品,参观型非遗研学产品还融入数字媒体技术。高科技手段的运用,让产品文化内涵得以更加清晰地表达了出来,如将非遗发展历史制作成短片、采用虚拟模式展示非遗技艺流程。欣赏参观型非遗产品开发要注重其文化传承性,在设计时可以从视觉与听觉两方面着手。并且,参观型非遗文创产品开发模式注重将资本外显于非遗身体化文化之中,而这种外显需要借助特定的工具。

二、非遗文化符号的创新衍生模式

非遗文化符号以文化创意产品为目标进行开发,指的是将精心梳理过的非遗文化符号,通过主体方式、课题方式,与旅游、广告设计、影视动画、出版业、游戏业等多个领域行业进行有机融合,进而创造出独特的非遗文创产品。非物质文化遗产的符号向文化创意产品转变的重要节点，是它们之间的契合点。文化创意产品以"创意"为核心，非遗文化符号具有高度的灵活性和便捷性。在文创"创意"优势的加持下，非遗文化符号可以冲破传统约束，凭借文创产品在数字方面、媒体方面、信息技术方面的优势，进而生产出符合当代社会生活节奏和需要的文创产品。

在非遗文化的设计中，象征性符号并非孤立存在，而是需要与其他符号共同构建出一个完整的符号系统，才能准确传递信息。因此，在具体的非遗文化设计中，其形态、材质、色彩和结构不仅需要将其文化脉络表达出来，更需要保证用户在使用后能够正确地理解其存在的价值。

非物质文化遗产的象征符号，所依附的是非遗传承和发展的过程中所营造的稳定社会环境和相互约定的关系。这些文化符号不仅能够反映出当地人民群众的精神信仰和生活方式，而且在一定程度上可以体现出非物质文化遗产的价值所在。因此，在提取非遗文化符号时，需要综合考虑多个因素，其中最为重要的有两点：一是对非遗项目进行全面综合考察，以实现整体性和系统性的有机结合；二是要结合地域特征来选取合适的文化元素加以提炼。当然，在提取非遗文创产品载体时，必须考虑其实际情况并进行相应的处理。具体到非遗文化符号提取时，还应该充分考虑传承人与受众之间的互动关系以及传播内容与形式上的创新等因素。除此之外，还需从非遗文化符号所代表的文化内涵、文化符号开发的难度以及人们对非遗文化符号的识别度等方面进行综合考虑。

非物质文化遗产的符号设计需要进行解构，剔除其中的元素，并根据时代需求注入新的文化元素，以达到创意的目的。在现代社会，人们对于传统艺术有着更高的要求，也更加追求个性化与多元化。在这些新的元素中，最为核心的是那些具有创造性思维的创意人员。创意人员要善于发现和创造具有独特风格、新颖形式的非物质文化遗产，并依靠自身的市场洞察力、问题解决能力以及对非物质文化遗产的深刻理解，确保所设计出的产品更具创意和美感。文化符号在设计中并非孤立存在，而是需要与其他符号相互关联，共同构建一个准确传达信息的符号系统。在以具体的非遗文化为基础进行设计时，其色彩、形态、结构、材质不仅需要将特定文化脉络表达出来，更需要引导用户正确理解其存在价值。非遗文化符号的创新衍生模式注重将非物质文化遗产的符号、经典元素和载体之间的创意融合，而融合程度往往能将创意设计的深度和转化的难度反映出来。非遗文化符号创新衍生模式下，非遗文化符号和传统文化之间可以相互渗透、交融、互补、互融。非遗文化符号的创意衍生模式比较强调在创意转换过程中选择合适的载体并实现创意融合，非遗产品的设计师通常将生活用品作为载体，这种非遗文创开发模式能够在很大程度上将非遗推向人们的生活领域。

三、多业态融合开发模式

将非物质文化遗产的有形资本与各行各业、不同领域的其他产品进行融合，创造出全新的文化创意产品，这就是多业态融合开发模式的具体过程，它不仅可以满足人们对精神生活和物质需求方面的多样化要求，还能有效地提高文化产业的竞争力。就非物质文化资本的转化而言，将有形的非遗产品与不同场域中的文化资本进行融合，这样可以进行场域竞争时会更有优势，最终实现互惠共赢的目标。非遗有形产品本质上属于有形文化资本，也可以被视作布迪厄所认为的具体化文化资本，其本身就是非遗身体化文化资本的具体呈现，而想要实现这种呈现，以下两个条件是非常重要的：首先，为了展示非遗产品，需要建立一个平台，这个平台可以是由国家管控的非遗博物馆等公益展示宣传平台，也可以是以市场为导向的商品销售平台，二者保持互惠共赢、相辅相成的关系，前者可以增加非遗的象征资本，确保后者的顺利进行；其次，消费者需要对非遗产品所蕴含的文化内涵进行深入挖掘和解读，以便更好地理解其内在含义。在多业态融合开发模式里，由于产品具有实体形态，有机地将非物质文化遗产的有形资本与其他产品进行融合，可以使得外形创意设计更具发展前景。通过对国内外非遗实物资源及相关文创产品开发案例研究发现，以创意方式实现的"非遗+商品""非遗+互联网"等形式，都可以有效地利用其物质形态。这些富有创意的设计和创新的融合载体，不仅可以为非遗的展示提供载体，同时也可以更好地表达非遗文化的内涵。这种模式在传统技艺和传统美术等领域的适用性较强，且这两种非物质文化遗产所呈现的有形产品，都得益于非遗技艺的汇聚和展现。它们具有实体形态，推崇创意设计，因此其与其他有形产品的融合难度较低。

就非遗产品的多业态融合模式来说，非遗项目不同，其相互之间实现多元化融合的难度也就不同。比如，传统工艺美术和传统手工艺，由于它们所涉及的门类比较广，需要通过多种方式来对两者进行有效的整合，从而更好地将二者进行结合；传统美术和传统技艺的产品可呈现出有形、可视、可触的特点，因此在与其他行业的产品融合时，其设计空间更为广阔，更容易实现融合目标。因此，对于一些需要通过多种方式来实现融合效果的非遗产品来说，传统美术的应用就显得尤为重要了。在传统美术中，剪纸、年画和刺绣等艺术形式的主要特色是构图、色彩和图案，因此这些艺术形式也更容易与其他产品融合。

第四节　非遗文创产品发展的措施

一、发展经纪人角色

在一般的传统观念下，所谓经纪人其实指的就是"中间商"，这类工作主要是为交易双方而服务的，以赚取佣金和报酬为生，而我们所熟知的这类职业也多是出现在娱乐行业和商业之中。除此之外，在文化创意产业领域也是需要"经纪人"这一岗位存在的，这在"非遗文创"的项目开展过程中尤其明显和突出，而这里的"经纪人"其实与我们传统意义上理解的经纪人是稍有出入的，经纪人在这里主要指的是民间手工艺人和非遗传承人，以及在厂商与时尚领域之间发挥重要作用的一类重要职位，也正是因为身上所担负的重担，使得经纪人必须具备更广泛的知识面和思路，具备更加扎实的专业技能，这样才能发挥出其应有的作用。

例如，《蜗牛》民艺杂志和"自然造物"机构在其中便是充当这类"经纪人"的角色。而经纪人主要起到的就是"搭建平台"的作用，能够将民间手工艺人与时尚和市场连接起来，为他们构建多种沟通渠道和多类对话方式，这样也使民间手工艺能够在新时代的多元文化的发展潮流之下重新焕发出生机，使手工艺人不再是"社会底层"，也使我国的社会民众能够重新拾起对于民间手工艺的热情，从而吸引更多的人加入到非遗手工艺传承的行列中来。在当今的时代发展背景下，要想重振民间艺术，使其能够长时间发展下去不被淘汰，就要有更多的年轻人为非遗不断投入热情和关注，这样才能够创造出更多的可能性。

想要兼顾发展和传承，就需要我们在深入探索传统工艺文化的基础之上，能够深谙新时代发展潮流和趋势，能够从中提炼出新的生活美学概念，在变化中寻求稳定，从动态的变化之中寻得一味常态，这就是现阶段发展非遗手工艺的核心所在。

从现在的发展趋势来看，要想在扩大产业规模的基础上使得文化核心保持"本心"，而不影响手工艺最终呈现出来的效果，那么为不同的非遗传承人匹配一位经纪人就是首选。非遗传承人自身不仅要肩负技艺的传承重任，同时还要经营相关商业内容并兼顾文创设计，这显然是很难完成的，更何况这可能也不是非遗传承人的优势所在，事关策划、推广和宣传等工作交由专人去做想必是更加明智的。当今的文化创意产业发展已经有了较大的变化，人们对于精神追求的要求也越来越高，由此对于产品需求的高度也日益增长，面对这样的情况，非遗传承人一人身兼数职是不太可能实现的，因而需要专门负责宣传和经营的工作岗位出现，那就是"经纪人"。

另外，对于现在的非遗传承发展来说，还有一个难以跨越的阻碍，那就是"学习渠道"的问题，尽管在全媒体时代下人们对于各类非遗项目的关注度和热情有所提升，但是就算他们有深入了解和学习的意愿，却难以找到合适、正规的学习途径；而对于非遗传承人来说，他们也苦于找不到合适的"接班人"或徒弟，也深受其困扰，对于手工艺传承来说，心灵手巧和品性端正是最基本的要求，而"经纪人"正是为解决这个问题而存在的，虽然为非遗传承人培训设计方面的知识对于提升文创产品品质的效果微乎其微，但对于经纪人进行相关培训则可以起到更加"立竿见影"的效果。由此看来，经纪人的能力并不是单一的，不仅要有扎实的基础功底和专业知识，同时还要具备较高的艺术审美能力，能够对市场的发展变化进行较为精准的把控。

二、完善生产产业链

事实上，一件完整非遗文化产品的诞生过程是十分复杂的，从最初的策划、设计，到后来的样品制作和量化生产，再到最后的宣传推广和销售，每一个流程和环节都是需要专人负责的，因而一家已经发展较为成熟的文创产品设计公司，是应当具备较为完整的产业链条的。例如，在进行最初的资料收集和设计环节时，通常需要设计师能够对于地域文化元素和特征较为敏感，从中提炼出更为具有共性的文化符号，在具体的设计环节中需要将创意性思维注入其中，而当设计完成后，就需要将设计成品投入市场，使之成为可购买的商品，这时就需要对其进行批量生产。

当我们在线上和线下同时进行产品销售时，最受客户和厂商关注的一点就是产品的质量和产量问题，因而就需要设计团队设计出一套完整的"流水线"方案，能够适应当下的市场形势变化，在保证速度的情况下同时也保证质量和产量。这世上不可能存在完全相同的两个手工产品，如在瓷器的烧制过程中就有很多的影响因素，这样最终就会导致结果的不同，由此看来，这其实也就是一个"求大同，存小异"的过程。对于具体的实施过程来说，要想实现较为流畅的"流水线"过程，首先需要根据产品需求量安排合适的工人数量，对于手法较为熟练的工人来说，要求他们在订单数量不多时，可以独自完成。他们多数人可以在较短时间内一次性完成较多数量的相似零部件，这样就可以较快地进入到下一个步骤之中，完成下面的内容。但是，有时也会遇到订单数量较多的情况，需要大家各司其职，各自完成好自己的部分。举例来说，在进行北京灯彩传承成品制作时，就需要不同手工艺人来完成不同的工作任务和环节，如绘画、雕刻和木工等，而这种"流水线"制作模式并不是最近兴起的，而是早在其创立之初，就开始使用这种模式方法进行作业了。

北京唐人坊"唐娃娃"的生产方式也是流水线。虽然制作"唐娃娃"的步骤已经简化了不少，但仍保留了许多制作环节。设计师掌握所有制作步骤，并且具有一定的造型设计能力。工人们在车间中熟练地完成各自负责的步骤，然后将产品流转到下一个工序。例如，针对梳头来说，这并非一个简单的动作，需要进行多个步骤；涂抹化妆品时，需要修整眉毛、涂眼影以及点染唇部。而在为戏曲中的角色"唐娃娃"化妆时，还有一位专门负责在角色额头上喷绘红色颜料，画出"蜡扦儿"的工作者。除此之外，还有一些其他分工十分明确的工作，如雕刻师专门负责雕刻头部模型，捻丝编花工人专门处理头饰制作，热转印工人则负责服装图案热转印，同时，还有工人专门制作道具以及有工人专门负责整体组装、质检和包装。

三、构建宣传营销渠道

尽管文创产业在广泛传播中呈现出良好的态势，但在现实情况中仍然存在一些问题。虽然随着现代非遗文创产品的高速发展，使得民间也开始涌现出一些自发的民艺普及平台和组织，但是要想使得这些平台能够真正进入群众视野，这就需要大量的资金投入，而这些平台在初期创立时是很难收到利益回报的,绝大多数情况都还是需要负责人从其他渠道获取资金以维持平台的后续运营。目前,一些文创企业在发展的过程中还是遇到了不少问题。民间自发的普及平台从数量上看还是不少的,但同时也需要负责人在资金上给予一定补充,很少人在发展初期就能获得较多的利益回报,多数还是因为宣传力度和渠道不当的问题,仍有多家机构仍在努力尝试和改革,以此来支撑较为艰难的时期,这时还是需要政府能够及时发现这一问题并给予一定支持。

《文化产业创业创意人才扶持计划》由文化部、财政部共同设立,旨在为文创设计师提供平台支持并开展培训计划,如中国北京国际文化创意产业博览会、中国苏州文化创意设计产业交易博览会等会议。这些传承人和设计师应该得到政府的支持,如提供免费参加不同的博览会等平台和机会。这种支持对本土文化和品牌的推广是非常有益的。

针对与非遗相关的大部分民营企业,目前最主要的挑战是资金和场地问题。

举例来说,手工蜡染所面向的产品市场是较为高端的,甚至还存在高奢的蜡染产品定制服务。由此,政府和相关行业从业者可以适度加大投资,在宣传营销方面加大力度。为了推广蜡染产品,需要使用宣传方法,这些方法应该具有文化氛围和时代特色,而不是直接将产品投入市场。对于蜡染的推广,除政府的支持外,企业自身也需要加强对自身投资的重视程度。企业应该更为重视对宣传平台的使用,如自媒体和微信公众号等。下面,我们以宁航蜡染为例来进行具体说明。该店的微店销售业绩是十分可观的,甚至超过了淘宝平台上的销售数额。宁航蜡染的创始人宁远本身其实是具有十分深厚的文字功底的,同时她也是东方生活美学的倡导者,十分重视美学文化氛围的营造,这也就是她能够脱颖而出的原因。从她的淘宝店铺界面我们就可以看出,她选用了十分丰富的图片进行展示,注重图文并茂,同时在微信订阅号中也有所体现,在后期的分享会和推介会上也获得了消费者的大力支持,因而提升了自身品牌的知名度和认可度。微店主要通过微信群和公众号推送进行推广,并且能够保持较高的客户回头率。这个模式的运作方式是以通过老客户口碑的传播,以及朋友间介绍为主。大部分客户都是因为到过丹寨或亲眼见过蜡染实物而前来。因此说,企业需要采用更多种类和不同的策略,以推广营销和扩大市场规模。

从现在的发展情况来看,大多数的传统手工艺产品所面向的高端市场,基本集中在我国的一些一线城市,同时在一些本身文化氛围较为浓厚的城市之中也觅得了发展良机,如杭州、成都等。与此同时,这些传统手工艺品还具有较为广泛的国外市场,受众群体范围也较为广泛,但是这对于群众的购买力和审美品位还是有一定要求的。由此,对于传统手工艺品宣传平台的建立就需要注重其适用度和针对性,这样才能高效地帮助非遗产品成功走向市场化。

传承人和相关机构可以考虑在传统的线下销售渠道之外,进一步发展电子商务,利用网络平台来推广和销售产品。政府可以通过雇佣电子商务专家进行推广宣讲,并为成熟的电商和适合市场营销的非遗传承者和手工艺人提供联系机会,还可以在县镇等特定单位区域设立相关辅助人员。由于部分传承者未接触网络和电商,也不了解设计,因此辅助人员在此方面发挥着至关重要的作用。除此之外,政府还应设立专门机构,负责解决售前、售中和售后问题,并畅通咨询渠道,随时倾听来自传承人、电商和顾客的反馈意见,积极推动非遗文创产品和手工艺非遗相关产品在电商平台上的销售。淘宝、京东等网购平台都启动过非遗众筹项目,手工艺传承人可以通过预售的形式,先筹款,获得一定的资金后再购买材料制作手工艺产品并发货。

四、非遗进校园、校企合作

(一)地方职业技术院校

近年来,全国各地都在积极开展"非遗进校园"的活动和项目,贵州省作为手工艺宝库更是在这方面下了很大功夫。目前,贵州省已经出现一些"非遗进校园"的成功案例,即校企和学校进行深度合作,但需要注意的是,这类合作应该注重更加深入的拓展和正确的引导。比如，丹寨宁航蜡染有限公司与黔东南民族职业技术学院之间建立了密切的合作，宁航蜡染在黔东南职院内设立了展示蜡染和画蜡的场所，黔东南职业技术学院也给宁航蜡染的工作人员提供住宿，他们共同参与创办了贵州省非物质文化遗产传承人群研培计划。在蜡染培训班结束时，通常会安排学生参加展示活动，展示的作品种类繁多，包括但不限于抱枕、丝巾、箱包和饰品等。此外，该区域还发展了由黔东南职业技术学院和宁航蜡染合作成立的校园工厂，已成为贵州染制技术教育传承基地和黔东南职业技术学院民族技术文化教育实训基地。

位于凯里市的凯里学院也针对蜡染技艺进行了相关的课程建设和文化传承工作。在凯里学院之中，设有省级的创新创业训练中心，而蜡染实训室就在其中。不仅如此，从专业设置上我们也能够看出其对于非遗传承的重视程度，如艺术学院有下设美术教育方向，或者我们也可以将其称为"民族传承班""美术教育五年制专科班"，涉及的主要课程内容有：苗侗服饰蜡染艺术、少数民族民间美术概论、（侗）族蜡染设计及制作和黔东南民族民间工艺美术概况等。其下设的不同专业方向都配备有专业的教师团队，如刺绣、银饰等。五年制的民族传承班对于入学要求是比较严格的，要求学生要具备一定美术基础，同时在入学考试中也会加入一些民族图案方面的内容，这些学生往往都是从社会上招收来的，这也为蜡染的文化传承奠定了十分坚实的基础。

在贵州省黔南布依族苗族自治州惠水县的贵州盛华职业学院中，设有民族文化传承中心和唐人坊非物质文化遗产传承学院，其中的"旅游工艺品设计与制作"专业就有蜡染技艺的相关课程。主要的授课教师有曾经在宁航蜡染任职的杨先芬，来自毕节市纳雍县的杨敏和来自台江县施洞镇的吴兰，还有宁航蜡染的画娘前去进行蜡染教学工作。不仅如此，该院还设有专门的民族服饰博物馆、蜡染教室，主要招收的就是高职与中专学生。

（二）艺术类高等院校

一些艺术类高等院校开始尝试将非物质文化遗产引入校园。有些项目是短期的，只有半天到一天的课程，主要目的是提升学生的文化素养。另外一些项目是长期的，以课程的形式存在，授课时间长达半个月或更长。相较于前者，后者更有利于非物质文化遗产在体系内的传承，同时更能指导学生将传统技艺与设计融合运用。

要想实现非遗文化的持久延续，形成一套适用于中国教育教学体系的教学方法是必不可少的，当然这一切都是在以中国传统文化为基础的前提下建立的，另外再将非遗元素融入其中，整个过程应当是循序渐进的，不可一蹴而就。作为对当代设计理念和技巧精通的设计师、设计学院的专业教师和学生，可以积极投身于非物质文化遗产传统技艺的保护和生产性传承工作。当然，需谨慎挑选哪些非遗项目需要设计师参与，并不是所有非遗项目都适合设计师介入。为确保相似的课程设置和教师聘请得以顺利实施，校方需要与手工艺人有效沟通并深入了解其需求。

目前有许多艺术类高校雇佣工艺美术大师和民间手工艺人担任特聘教师，以便开设相关课程和项目。这些高校包括中央美术学院、清华大学美术学院、南京艺术学院、北京服装学院、山东工艺美术学院等。实际上，这种教学方式早在"非物质文化遗产"这个概念出现之前就已经存在，并有着悠久的历史。几十年前，延安鲁迅艺术学院就积极倡导在民间开展美术学习，并推崇创造有中国特色的美术教育。无论是在20世纪40年代还是今日，都可使艺术设计以本土文化为根基，扎根中华文明不断发展。

从金属工艺领域来看，清华大学的工艺美术系就曾在不同方面进行了尝试和探索。在2012年，该院的唐绪祥老师通过科研项目，在校内开设了有关非遗文化的相关课程，而主要的授课教师则是专门邀请我国的银饰锻造传承人刘永贵，刘永贵又名刘金，他所在的贵州台江县施洞镇芳寨村的银饰锻造工艺十分出名，被评为国家级的非遗项目。该项目主要涉及苗族银饰锻造中的錾花工艺，其中纹样仍以苗族传承下来的传统纹样为主，如吉宇鸟、苗龙和铜鼓纹等。但十分遗憾的是，这个课程持续的时间并不长。从目前的情况来看，绝大多数学生还是会选择通过田野调查和采风的形式进行非遗技艺的学习，而费用往往是自行承担，前往各地跟随传承人进行学习，如前往云南大理州鹤庆县和贵州黔东南州施洞镇等。工艺美术系金属工艺方向的本科生人数并不多，基本上是每两年招收一次，长期参与该课程的最多时也不超过20人。

综上所述，艺术类高校要想持续开展传统技艺类的非遗课程离不开资金和院校方的支持。从校企合作方向来看，艺术类高校的课程发展自由度其实不如地方职业院校的。但是，教育水平和教育程度的高低，不仅对非遗的传承会产生一定影响的，而且对非遗文创的设计与创新也有影响。那么，我们究竟该如何在新时代浪潮之下使艺术类高校能够建设更为完备的课程体系，这是需要我们认真思考的，是未来教育改革的重要方向。

五、体验类手工课程与亲子活动

手工艺学堂、女塾和亲子手工艺活动是专为成年人而设的，包括线上和线下教学，以及非遗文化体验活动。此外，还有在文化空间内和空间外举办的各种相关活动。随着新媒体技术发展的不断成熟，网络直播平台随之应运而生，数量也在不断攀升。一些平台为手工艺人和非遗文化传承者提供了展示自己和传统文化的机会，拓宽了民间传统文化的传播渠道。

为专注于传统手工艺的教学和实践研究，北京服装学院设立了专门的文化机构——天工传习馆。与其他高校的工作室不同的是，该机构的开放吸引了一些设计师和手工艺人前来驻扎，这些人常年在该机构工作室内从事创作。他们既为学生教授技艺，又从事产品的定制和销售，并经营展览活动，如九愿金工工坊、金媛善拼布工坊和裳艺193三家工作室，还有旗袍工坊、汉朗文化编织工坊、书田制书作坊、蒋玉秋的民艺无香刺绣工坊等。

针对儿童的手工课程分为两类，一种是家长与孩子共同参与的亲子教育类手工课程，另一种则是专为儿童设计的手工和艺术课程，这就要求这类产品具有较高的市场稳定性，这类课程的市场受众范围相较于成人课程市场来说也是更大的，是更有发展潜力的。随着现在家长越来越重视对于孩子的教育，有一部分人会为自己孩子的美育教育投入大量的资金。然而，深入探究这种现象的原因之时，我们发现它并非来自近年来非遗、文创等方面的热门话题，而更多地源于家长的观念变化。现今的家长更加注重为孩子提供艺术教育，这也反映在少儿手工艺术课程的热度上。在传统手工艺非遗课程中，剪纸、风筝、造纸、泥塑、年画、扎染、活字印刷等课程备受欢迎，这是由于它们既有趣味性，也操作简便。

  一些中小学会在传统节日或特殊的庆典中，以专题活动的形式展示与非遗相关的课程。在这些活动中，他们会邀请非遗传承人或民间艺人担任短期授课老师，从而让中小学生亲身体验手工技艺和传承文化的氛围。

第五章　基于非遗的文创产品设计

　　非遗文创产品的发展与延续与设计有密不可分的关系，消费者最终的态度是其中的决定性因素。本章基于非遗的文创产品设计，对非遗文创产品设计原则、非遗文创产品设计方法、非遗文创产品设计案例进行研究。

第一节　非遗文创产品设计原则

当我们将非物质文化遗产变成文化创意产品时，我们需要重新关注"核心技艺"这一重要概念。虽然非物质文化遗产是多样的，但很难制定出通用的标准来定义"核心技艺"。邱春林曾以传统手工艺为出发点，概括了"核心技艺"的概念：手工艺涉及的知识和经验，通常是在民间流传最广泛的，它形式上属于主观的、纪实性的，而且具有因材施教，因时制宜，因地制宜的特点。在手工艺的质量上，人的因素、时间因素、空间因素和物质因素都可成为影响质量的因素。手工技艺的精髓在于个人的技能和技巧，而非仅仅是使用工具所需的技术。尽管手工艺会随着时间而变化，但每种传统手工艺都会有一些相对稳定的元素。如果没有这些相对稳定的元素，它就不会有传统和独立存在的价值。我们把这种相对稳定的核心元素称为每种手工艺的"核心技艺"，这些技巧决定了手工艺的独特性[①]。手工艺的核心不在于技巧的炫耀，或者工艺本身华丽的呈现。而在于用手工艺的方式展现创造哲学、生命态度、生活习俗等人文内涵。这些人文内涵与地区长久以来形成的精神特征密切相关，是我国文化多样性的重要源泉。邱春林在其著作中也提到了这一点。所有从事非遗文创设计的设计师都应该注意并深入学习这些核心技艺和文化内涵，因为它们可以唤起情感，并重新评估价值观。

一、充分挖掘文化内涵

将"非物质文化遗产"和"文化创意产品"进行合并，它们的共同点就是"文化"。"非物质文化遗产"一词较新，但其中涵盖了丰富的民族历史和传统。如果剥离文化因素，那么非遗就失去了其独特的内涵。如果文化创意产品只强调创意和实物产品，那么它们最独特的内涵就会丧失。

以剪纸为例，剪出图案的纸张只是一种物质形态，而其真正的核心在于

---

① 邱春林. 中国手工艺文化变迁[M]. 上海：中西书局，2011：105.

其中所要传达的文化内涵。在剪纸艺术中，最关键的文化概念在于传承自古以来的文化传统，以及与剪纸相关的节日习俗和创作背后所承载的"文化氛围"，这项手工艺需要手艺人世代相传的技能和精湛的技艺。几乎所有剪纸图案都有特定的含义，其中包括中国民间婚俗剪纸中常见的几种图形，如"狮子滚绣球""鹰捉兔""老鼠上灯台"和"扣碗"等。这些图形看似是描绘动物和蔬果，实际上隐含了与婚俗有关的象征意义。其中，鹰、鼠、龙和狮子等象征男性角色，而兔、灯台、凤凰和绣球等则象征女性角色。此外，人们通常还借用"多子"文化来突出母性的特征。还有"喜上眉梢"和"福在眼前"这两个成语采用了隐喻手法中的"假借"。例如，用"喜鹊登上梅花枝梢"来表现"喜上眉梢"，用蝙蝠与铜钱的钱眼来表现"福在眼前"，这些动物和物品分别与"眉""福"等字谐音。

在进行剪纸相关的文创产品设计前，设计师要做的就是对其中所包含的文化内涵进行深入了解，对其中的文化元素进行提炼，随后通过创意性思维进行转化。在这个过程之中，尤其需要注意的是，设计师要注意文化元素中内涵的保留，使其不至于在设计成果之中完全消失殆尽。例如，我国台湾地区一家公司设计了一款"祥云护角——防撞桌角"，该桌角主要使用的是硅胶材质，灵感则是来源于中式传统家具以及木箱的包角，同时还将富有吉祥寓意的"祥云"图案融入其中，在此基础上还增加了防撞的实用功能。不论是从色彩、图像表意还是纹样的设计方向，都能够清楚地看出其中的文化设计巧思、文化内涵被巧妙地保留了下来，在此基础上还赋予了新的功能和思路。

通过市场调研我们发现，有一部分的剪纸文创产品出现了缺失文化内涵的问题。举例来说，近几年在市面上出现了一类变异"剪纸"，使原本剪纸中所蕴含的丰富文化思想和情感都不复存在，就只是外表呈现红白两色，而原本富有深意的文化纹样也被替换成了市面上流行的卡通图案，为了吸引更多的低年龄阶段用户，商家甚至选择将一些卡通图案通过激光雕刻的方式置于红纸之上，或是采用简单粗暴的印刷方式，再在此技术上辅以红色线条，这显然已经与我们最初的设计构想和目的完全背道而驰了。

二、坚持运用手工技艺

虽然随着时代的发展和科学技术的不断成熟，越来越多的机械设备和电力驱动工具开始被用于大批量的产品制作，但是对于其中一些技艺较为烦琐、复杂的工序来说，机械制作是无法凸显出手工制作的精妙与和谐之美的。由此，对于一些将"传统手工艺"作为销售噱头的文创商品来说，保留着一点"手工味道"是必须的。手工制作不是单调重复的过程，每一件作品都独具特色，人们可以从精细的工艺中察觉出手工制品的痕迹和温情，这种价值无法被替代。虽然有许多刺绣种类，但由于它们需要一针一线的精确工艺，目前仍无法用机器来代替，比如精细到极致，甚至细到发丝的破线绣。手工刺绣的工艺精湛程度远超过机器刺绣，因为目前仍有一些技艺无法被电脑取代。最高超精密的手艺依然需要依靠人工智慧和手工来完成，这是机器所无法达到的境界。例如，四川青神竹编和浙江安吉竹编，绣娘们熟练的手艺是无法被机器替代的。

电脑绣花机在短时间内可以生产大批绣花产品，但是相较于手工绣花，其制作精细度和工艺水平还有一定差距。仅仅在"破线"这个阶段便可以观察到苏绣等传统刺绣技艺的精湛。它们能够将一根真丝线逐层分离，最高水平的技艺甚至可以分离到128股，线的细度如毫发般纤细，几乎无法察觉，这些手工技艺是机器无法完成的。

对于机绣产品，我们多将其使用在那些日常用途范围较广的领域之中，如服装、日用产品和包装袋等，也是因为往往机绣产品具有耐磨损、坚固和价格低廉的优势，其现在已经在市场上得到了普及。但是，电脑技术制作出的产品也有精致和粗糙低劣之分，这二者是有天壤之别的，由此看来，机绣虽好，但还需谨慎使用。

在玉雕中，玉雕师需要善于利用玉石本身的色彩和形态，通过巧妙的创作技巧，创造出美丽的色彩效果。有时候在处理玉石中瑕疵的过程中，灵活巧妙地将其转化为创作的灵感和艺术表现。手艺人在这种"俏色"玉雕中蕴藏了许多经验和审美理念，这是他们长期的思考结晶。种类繁多的手工艺品，其中包括苗族传统银饰、花丝镶嵌和錾花饰品，每一件都独具特色，而机器生产的批量化产品难以表达手工艺品的精髓，因为一些手工艺品需要巧思和灵活的智慧才能完成，这是机器无法取代的。有些机器制造的产品工艺不精细，导致传统味道发生了变化。

目前，一些设计师和商家正通过吸取传统手工艺的灵感，并从中挑选一些元素进行设计。这些产品的核心是手工技艺。锡绣是一种利用锡丝制成的绣制品，其制作方法是将锡丝条捻成管状，然后将其绣制在藏青色的布料上。织金地区的蜡染工艺精湛细致，蜡染成品通常还配以精美的刺绣。在贵州的少数民族地区，这些传统非遗技艺最初并不是用于制作时尚饰品的，而是用来制作日常或节庆时所需的服装。然而，设计师之所以选择对这些手工艺品进行再设计，是因为它们不仅具有突出的视觉效果，而且蕴含了丰富的手工和文化内涵。消费者选择以手工艺为核心的文创产品，是因为他们重视这些产品所展现出来的手工艺术价值，在购买时也会融入自己的文化情感。

三、开发传统图案元素

所谓传统图案，指的是中国传统文化中涵盖的所有图案造型，包括各个民族的民间艺术、宗教信仰、民俗仪式中存在的图形，以及传统的生活方式中使用的器物造型与各种装饰纹样，如各民族的传统服装、生活用具、民居建筑及其中的各种图案。这些传统图案经过千百年的历史变迁，具有形形色色的艺术风格和造型特点，每一个民族，甚至每一个民族的每一个支系，都有着和本民族信仰相关的图形，而其中的一部分，我们可以称之为"图腾"，往往隐喻着该民族所尊崇的祖先与所信仰的神灵，和该民族的创世神话多有密切关联。

在贵州、湖南一带的苗绣及苗族的蜡染和银饰中常常见到"蝴蝶妈妈""吉宇鸟""铜鼓纹"的形象,这些都属于典型的苗族传统图案,既讲述着苗族悠久的历史和文化内涵,也表现出苗族手工艺人丰富的想象力和多样的造型手段。这些图案不仅作为装饰图案存在,还通过这些充满了祖先"神力"的线条来寄托自己的信仰,达到心灵的满足。正如沃林格在《抽象与移情》中所说:"他们在艺术中所觅求的获取幸福的可能,并不在于将自身沉潜到外物中,也不在于从外物中玩味自身,而在于将处在世界的单个事物从其变化无常的虚假的偶然性中抽取出来,并用近乎抽象的形式使之永恒,通过这种方式,他们便在现象的流逝中寻得安息之处所。"[1]

在对文化创意产品进行设计的时候,设计师也应对与其相关的文化遗产进行深入解读,找到传统图案的源头,以其为核心研发文创产品,传统图案此时便起到了类似"族徽"的功能,可以引起有着相同文化背景人群的共鸣,也可以使抽象的文化概念变得更加具象,形成物化的、可视的产品,厂商们在推广和销售产品的同时起到文化普及推广的作用。

在进行文创产品生产时,特别是大批量生产时,一些产品并不会直接使用传统的材料和工艺,而是使用具有较新科技的原料与工艺制作。在这种情况下,厂商们往往会提取传统的造型和典型图案,以此为牵引古今的一条脉络。如果此时从原料、工艺到图案都不再依循传统,那么这种产品也不可称之为"文化创意产品"。

那些和神话、民俗和宗教的崇拜信仰相关的传统图案、在历史上世代相传的物质与非物质文化遗产,耐人寻味亦经得起推敲,其中有很多具有装饰性的图案、造型、符号都可以作为文创设计的重要来源,无须舍近求远。如今,我们应在回头审视祖先留下的文化遗产的同时,在现代社会赋予其新生的力量;而现代的设计师更应当将传统文化与现代设计相结合,做到回归本土、不拘一格。

---

[1] 沃林格.抽象与移情 对艺术风格的心理学研究[M].王才勇,译.北京:金城出版社,2010:125.

四、使用优质的原材料

使用植物染色与使用化学染色的成本相差较大,因植物染料也各自有别,二者成本的比例分别大约是 5∶1 到 8∶1,一些民俗旅游景点在进行非遗技艺的展示时使用植物染色,但所销售的产品则使用化学染色,甚至也有全部使用化学染色的。

使用带有毒性的化学染剂不利于环境保护和可持续发展,更不利于人与自然的和谐共处。在处理染色所用的工业废水时,水体会被污染。植物所制的天然染料取自自然,又还之于自然,主要天然染料有蓝草、栀子、姜黄、苏木、茜草、红花、五倍子、槐花、薯茛等。天然染料不会对人体健康造成伤害。所染的织物色彩自然、经久不褪,具有防虫、抗菌的作用,这是化学染料所不具备的,而原料材质的差别有时也和其原产地有关。

2006 年,北京的雕漆技艺入选《第一批国家级非物质文化遗产名录》。雕漆在中国有着悠久的历史,在这种传统技艺中,优质的原材料占有举足轻重的作用。雕漆使用的大漆即天然生漆、漆树液,需由漆树中割取。工匠们使用大漆进行传统的漆器制作,而后再进行雕刻。而被称为"化学漆"的涂料和天然漆有着很大差别,这不仅体现在质地和光泽的不同,还体现在环保与健康的层面上。

以宣纸制造为例,在传统的工艺流程中,纸张的漂白环节应当经过漫长的日晒,一些匠人嫌其耗时太长,于是使用具有化学成分的工业漂白剂,其见效很快,但纸张纤维的内部结构随着这些漂白剂的加入而发生变化,质地因此变脆、韧性变差,使用这种漂白纸进行创作的书画作品也因此寿命变短,易碎裂。

五、突出民族性与地域性

在非物质文化遗产的基本特点中,民族性和地域性都占据着重要的位置。《非物质文化遗产概论》对于民族性有这样的阐释:"民族性是指为某一民族独有，深深地打上民族的烙印，体现了特定民族的独特的思维方式、智慧、世界观、价值观、审美意识、情感表达等因素。"① 从较为直观的服饰、建筑、语言文字、生产生活方式，到深层的价值观、哲学观、审美与宗教信仰，都具有较强的民族性。地域性也是使每一个非遗项目都独具特色的重要原因。

"一方水土养一方人"，非物质文化遗产都是在特定的"一方水土"中生根发芽，非遗与周遭的环境密切相关，从非遗项目之中，可以解读出非遗所在地域的地理环境、生态物种、生产生活方式和习惯、宗教信仰和价值观念、传统习俗等。即使是同一项传统技艺，在不同的地域和民族中，所表现出的特征也有所不同，这体现在形式、技法、象征等诸多方面。

以中国民间的年画为例，年画分布在我国的不同地域，其造型图案、线条色彩、制作技法、概念内涵都各自有别。例如，天津杨柳青的年画除了木版印刷轮廓及若干色块，还有精细的手工"脸"，需要勾眉画眼、敷粉点红。四川的绵竹年画在印出轮廓后，娴熟的画工有时会为了赶时间而以手工快速上色，其中有率性洒脱之作，名为"填水脚"，而河北武强年画、河南朱仙镇年画、江苏桃花坞年画需要用到木版印刷与彩色套色这些具有地域性差异的传统技艺，正可以作为其独一无二的民族性地域性特征而存在。

将非物质文化遗产作为核心价值转化为文化创意产品，并非简单地通过网络搜索或是阅读一些出版物就能确认其定位、特征与内涵。这需要设计师身临其境，走进民族的文化空间，深入村寨去感受和学习。俗语曰："百里不同风，千里不同俗"，地域和民族的真实差异较大，这也正体现了一族一地文化的独特性。在设计师进行文创产品的构思时，应避免"张冠李戴"的情况。例如，在为甲地的某个非遗项目进行文创产品设计时，错误地采用了乙地的非遗项目中的图形，便属不合时宜。

在进行文创产品设计时，设计师可以借鉴非遗保护的整体性保护原则。非物质文化遗产所存在的环境是相互依存、浑然一体的。在非遗保护中注重

---

① 王文章. 非物质文化遗产概论 [M]. 北京：教育科学出版社，2013.

整体性，是指人们不仅要保护非遗的形式与内容，还要保护非遗传承人，及非遗所在的文化空间、生态环境。中国地大物博，不同的民族、地域和物产造就了不同的艺术形式和风格，这使得中国的设计师在文创产品设计方面承担了更多的责任；同时，设计师也得以从这些千差万别的民族与地域中获得更多的灵感来源和创作资本。在设计文创产品时，设计师应注重整体性，对与设计对象相关的民族性、地域性等诸多方面进行同步分析，避免舍本逐末。

第二节　非遗文创产品设计方法

一、传承传统技艺并适当改进

每一件基于非遗的优秀文创产品设计，伴随的是深厚的文化积淀和经验。对传统文化和手工技艺毫无了解的设计师，只凭天马行空的想象很难将产品图稿变为成品；甚至在做出样品后，也不能够对其进行产业化。在对一些门槛较高的传统技艺进行设计时，设计师会遭遇各种问题。当设计师基于传统手工艺进行形态与功能创新的时候，需要进行思考和探索的不仅仅是造型，因为随着造型和功能的变化，也需要有能相适应的材质和工艺作为支撑，甚至于一些传统的材质和工艺不再足以支撑新产品。设计师必须在掌握传统技艺的基础上对其进行新的探索，在这种情况下，存在两种可行的思路：第一，设计师与手工艺人密切配合，这种配合需要顺畅无阻，是建立在设计师已向手工艺人习得技艺的基础上的，设计师所习得的技艺未必如传承人一般深入娴熟，但仍需有所了解；第二，设计师在熟练掌握传统技艺的基础上，有强烈的创新意识，并且有足够支撑这种创新探索的知识储备和资源。当然，后者是非常理想的状态。无论如何，传承人需要首先保证传统技艺的传承，再谈创新。

和合雕漆局出品的"雕漆手机壳"，是基于传统工艺与材质进行创新的文创产品，具有很强的典型性，在此将其作为案例进行分析。其设计师为刘博闻，是雕漆工艺美术大师刘忠英之子,既掌握雕漆的工艺,也是市级工艺美术大师。刘博文兼任了传承人与设计师两个角色,他子承父业,掌握了雕漆的技艺,虽然在手工艺的熟练程度和精湛程度上不如其父,但具有创新的意识和较好的技术基础。在进行技术革新时,他需要借助其父的技艺和经验。传统的雕漆工艺品在直接接触皮肤产生汗液时,人体会产生过敏的反应。为了制作长期持于手上的雕漆工艺手机壳,刘博闻和其父共同研究新型配方,在传统大漆的原料中加入了避免人体过敏的新成分,这种配方生产的材料不但可以制成手机壳,也可以制成直接接触皮肤的饰品。和合雕漆局的产品分为高端与低端的不同档次,高端产品根据事先设置好的程序,使用机器进行雕刻;低端产品则使用浇铸的方法,做工不如机雕的版本精致。在机器制出半成品后,还要借助人力对其进行细加工,包括打磨和做旧效果。

二、提炼传统图案、造型

这种方法是目前文创产品设计师使用最多的。这一类的文创产品在市面上也是最为多见的。设计师通常从一些具有视觉冲击力的传统手工艺品中提取富有内涵的经典图案,将其印在包、本、明信片、冰箱贴、挂历等各种产品之上。例如,将苗绣、蜡染、京剧脸谱、年画之中的图形以丝网印刷或热转印等方式印制在服装等载体上。

出于批量生产和保证质量的考虑,在多数情况下,生产者和设计师并不使用传统的技艺方法,而是在对其进行修饰或重新绘制后,直接将传统图形图案以新方法进行造型或直接将图案印制在产品之上,常见的是通过拍摄或扫描获取图像,再使用绘图软件重新修正和制图。

但在大多数情况下,以这种方法制出的文创产品,对于非物质文化遗产的传承人并没有直接的帮助,因为制作所产生的利润很难直接返回到传承人手中。在这个过程中,设计师们并不一定需要借助传承人的技艺,不会给传承人带来相应的收益。

在版权方面较为规范的案例是自然造物为库淑兰剪纸设计开发的文创产品。库淑兰被联合国教科文组织授予"民间剪纸大师"称号，擅用彩色拼贴剪纸，艺术风格突出。自然造物以数万元向库淑兰的家人购买剪纸版权，进行一系列的文创产品设计，设计师们使用设计软件对库淑兰的剪纸作品进行矢量化处理，包括填色台历、挂历、笔记本、利是封等，工艺精美，版权费用在计入成本之后仍有盈利。其原因是其不是直接的手工艺品而是基于民间美术的大批量生产的文创产品。

三、结合部分工艺，优化材料、造型

一些非遗文创产品直接源自非遗项目，所承担的不仅有宣传中国非物质文化遗产、打开旅游商品市场、拓宽文化创意产业的任务，更重要的是"依靠产业来养活传统工艺"的造血功能。

唐人坊批量生产的"唐娃娃"人偶就脱胎于"北京绢人"。"唐娃娃"继承了"北京绢人"中的一些传统工艺，如人偶的梳头方法、头饰的掐丝编制等。

为节约物料与工时的成本，唐人坊在部分人偶的服装上不再使用刺绣与手绘，取而代之的是热转印和丝网印技术：以特殊石膏塑脸，手工绘制面庞；以树脂或塑料制手，其上不贴绢。尽管改变了技术和材料，但绢人的特征与韵味还是基本被保留了下来。唐人坊在 2013 年进行积极变革，开拓市场，加强研发，参加文博会、旅商会、艺博会等各大展会，并开始设计"Q 版唐娃娃"。其脸庞如动漫人物一样圆润，眼睛被夸张放大，鼻子和嘴都很小巧。较之传统的真人比例人偶，"Q 版唐娃娃"体积小、易携带，更适合作为旅游商品推出，但其工序却丝毫不少。

四、根据传统题材，设计周边衍生

这一类的范围最为广泛，不仅局限于传统美术和传统技艺范畴，一些传

统戏剧戏曲、音乐、民俗、体育竞技、民间文学都可以成为文创设计的源泉。

正定县文旅局根据名著《红楼梦》进行了文创周边产品设计，沿用《红楼梦》原著中的宝玉所作的诗文《夏夜即事》《冬夜即事》，设计了红楼折扇。绫绢扇面，轻薄淡雅，即事诗文配以典雅古画，相得益彰风雅沉静，流苏扇坠摇曳生姿。沿用《红楼梦》中的经典人物和经典场景设计了红楼梦团扇，做工细腻造型古朴，人像秀美设色淡雅，分为经典款和迷你款，将红楼人物、风雅场景、经典诗词融入其中。还沿用作者曹雪芹的画作《西瓜图》，出自贵州省博物馆藏《种芹人曹霑画册》，以此画为灵感的曹雪芹折扇，九寸十八方，展开角度比普通折扇略小，矜持雅致，更显古韵，扇纸为白色云母宣纸，纸质厚实耐磨。背面留白，可依个人喜好题字、画图、印章。夏日伴手，开合之间，清风徐来，怀袖雅物，古意盎然。

五、提供材料，提供技艺类体验服务

引导受众亲身进行手工制作是一种深度的体验途径，随着电子商务的普及，一些无法身临其境的受众也可以通过各种途径获得材料包，对手工艺类的非遗项目进行体验。非遗项目材料包的设计开发无疑是一种更加简单快捷、传播面更广的方法，传承人需要在确定产品后，计算好所需材料的内容与数量，配成相应的材料包。材料包中除了手工体验所需要用到的材料，相关的制作教程也是必不可少的，对于一些制作步骤相对简单的产品，直接在材料包中提供说明书即可；而对于一些相对复杂的手工制品，有时需要给用户提供手工制作的电子教程或视频演示，相应的做法是在材料包中提供二维码，用户可以通过扫描二维码，获得详细的视频教程，在观看后对较复杂的手工体验进行制作。

"兔儿爷"是老北京城的传统节令玩具，形象呈兔首人身，有骑象、骑虎、骑麒麟、骑马、端坐莲花、坐葫芦以及腾云驾雾的造型，常作中国传统戏曲人物打扮，衣着装饰华丽，蕴含着平安吉祥祝福之意。"兔儿爷"以泥胎

制成，翻模后于表面施以彩绘。早在明代，北京人就有每逢中秋到东岳庙的兔儿爷山"请兔儿爷回家"的习俗。此外，还会给亲朋好友送"兔儿爷"。"吉兔坊"是北京一家较具规模的"兔儿爷"工作室，每年"吉兔坊"都要为北京的东岳庙制作千余尊"兔儿爷"，同时。以产业化模式对"兔儿爷"进行生产，"北京礼物"一类的民俗礼品店及各种机构多以此为商务礼品和旅游纪念品进行采购。工作室的负责人胡鹏飞采用模具进行"兔儿爷"素坯的批量生产，其中一部分就用于配置材料包，吉兔坊完成最初的造型设计、翻模、修整，而后将平整的素坯与丙烯颜料、毛笔等工具材料放在材料包中，同时辅以详细说明。

六、加强品牌建设与专利保护

政府部门根据当地民族民间手工艺企业的具体现状制定规章政策，给予企业的相应的扶助资金，并且和地方税务局制定统一的规定，对于扶助资金的税款予以减免，同时也对民族企业的品牌建设予以鼓励，减免其申请专利的费用。

引导一些设计品牌和非遗项目相结合，进行非遗文创产品设计。此举的优势在于工作效率较高，设计方经验丰富，可以在一定程度上保证质量。

目前一些设计公司正在以这种合作的方式进行文创产品设计，大多是针对物质文化遗产或文博机构等持有财政拨款的大型单位的，专门针对非遗项目的很少。较为典型的是北京洛可可科技有限公司，曾为多家博物馆、景区、会展等进行文创产品设计，如故宫系列文创产品，南京秦淮河、江南贡院、牛首山等主题的文创产品、敦煌主题的文创产品等。一些设计公司在进行非遗文创产品的设计和生产时，吸纳传承人与手工艺人完成产品中的若干环节。以计件的形式，一些公司会付给手工艺人较高的费用，使他们的生活状况得以改善。

宁航蜡染是在贵州省民族手工业获得专利最多的一个企业，申请了发明专利两项，分别为 2012 年的"蓝靛膏的工业制备方法"和"以蓝靛膏制备高上染率防脱色靛蓝染水的方法"；实用新型专利两项，分别为 2013 年的"保温节能染池"和"蜡染布料吊挂装置"；针对"蜡染台布"等申请了外观设计专利 26 项。我们需要不断加强专利保护法律法规的建设，结合实际情况对知识产权保护范围进行不断调整，使原创者的权益得到更好的保护。与此同时，还要加大知识产权法律法规的执行力度，严厉打击抄袭、盗版等行为，加强知识产权保护宣传，在全社会形成鼓励原创、保护原创的氛围。

第三节　非遗文创产品设计案例

一、故宫淘宝文创产品案例

与其他文创品牌不同的是，故宫博物院本身拥有我国最为珍贵的大量馆藏文物，文化资源极为丰厚。在这样良好的基础之上，产品要如何利用这些资源进行转化，是设计者和研发团队需要悉心研究的。

在设计文创产品的选择上，故宫的文创设计团队主要从以下三点出发：

（一）馆藏文物图样的传统运用

故宫文创产品中有着大量对于馆藏文物图样的传统运用。例如，《清明上河图》《千里江山图》等书画作品。这些文物本身美轮美奂，拥有极大的知名度。在文创产品的开发中，不用对这些作品的外观加以过多的修饰和变形，简化设计步骤，去具象地还原藏品本质的美感。也不能生搬硬套，需要设计师有节制地使用设计元素，可以选择提取外轮廓、提取元素部件、局部选取等设计方法。设计师和研发团队还需要在产品品类的选择上下功夫，要能够贴合藏品的艺术风格和内涵。有质感的文创产品能提高人们生活的品质和幸福感，消费者也希望在使用场景中可以体现出一定的审美品位。

(二)馆藏文物的异化创新设计

故宫文创产品中的海错图U形枕选择了馆藏的《海错图》作为文化背景,将图中描绘的水生动物形态进行提炼、概括和异化,在保留特征的同时还生动形象地还原了各类鱼类动物外观,将U形枕和鱼类形态有机结合,完美利用了"U"字形态和鱼类天生柔软可弯曲的特性。设计出的产品兼具趣味性和实用性。

(三)其他热门IP的衍生设计

近年,故宫的猫一度冲上网络热门,让人们知道了故宫中不仅有大量文物和历史建筑,还生活着这样一群"御猫"。我国基数庞大的爱猫群体纷纷表示对故宫的猫的可爱无法抵抗,这些猫生活在故宫里,这为它们增添了一丝文化的气息,甚至有游客去故宫游览的目的是寻找这些猫的足迹。故宫的文创设计研发团队紧跟时事抓住了这个热点,火速打造出了"宫猫"IP及其一系列衍生的文创产品,设计团队还将猫与故宫的建筑元素和馆藏书画作品如《骷髅幻戏图》《韩熙载夜宴图》《洛神赋图》等进行结合,设计推出了系列盲盒产品。故宫淘宝旗舰店仅"宫猫"一项IP就有60余款文创系列产品在售,包含了首饰、摆件、充电宝、书签、贴纸、餐具、杯子等多个产品品类。以故宫的猫为原型设计的IP形象"宫猫"深受大众的喜爱,多款"宫猫"文创产品在旗舰店的月销量稳居前五。

故宫博物院没有固守成规只注重线下实体店铺的打造,而是在互联网电商兴起之时紧跟时代潮流,抓住了线上店铺设立的良好时机,在淘宝开设了旗舰店。至今,故宫淘宝旗舰店已经积累了近千万粉丝,故宫博物院文创旗舰店也拥有超过500万左右的粉丝量。线上线下并行销售,拓宽销售渠道,从而获得了更好的商业收益。

故宫博物院还和北京卫视联合拍摄推出了文创节目《上新了·故宫》,在2021年已经推出了第三季节目。通过节目的推广,提升了故宫文创产品的知名度,并且能够让观众了解到一件文创产品从创意到诞生的开发全过程,激发人们对于文创产业的兴趣。

故宫博物院立足于传统文化,将文化和新媒体进行链接,以产品为载体,迎合各个消费群体的需求,将文化内涵注入文创产品的设计当中,使原本深藏在博物馆内的大量馆藏文物能够走到大众面前,贴近人与传统文化的距离。

二、妙手回潮文创产品案例

妙手回潮是致力于将中国传统文化变得年轻化的"国潮"文创品牌。其品牌的核心意义是:站在年轻人的角度去翻新传统文化,将文化转化为内容,以文创产品为载体使人们通过产品接受其中的文化内容,从而达到文化普世的目的,将传统和现代连接起来。

妙手回潮的产品类别以年礼产品和食品包装为主,其中还有与各种品牌IP的跨界联名。妙手回潮的年礼产品最为著名的是它们的对联、利是封、窗花套装和日历系列,对联年礼套装主要运用的是插画设计,风格极具识别度,能够把握当下国内外最时兴的设计风向。运用了二维插图转化立体插图、潮牌风、民国复古风、异形插画切割、传统形象活化再造、中式图案内容搭配上欧式的版式设计等多种风格,对非遗和传统文化作出全新的诠释和解读。

2022年,设计团队还突破了传统年礼的范围,推出了春条系列。春条和春联在古代都是过年必备的装饰旺屋之物,如今,春联依然是每个中国人的年节家中必备,春条的使用场景却在逐渐消失和被替代。妙手回潮捕捉到了这一点,希望对春条这一传统装饰通过设计进行活化,深入发掘春条日渐淡出大众视野的痛点,让它能够重新进入人们生活之中。

在春条产品系列的外形和文案上做了创新,保留了春条四字竖状吉祥话的传统形式,融入了更多的造型元素。同时还区分出了现代家居环境的客厅、卧室、卫生间等使用场景,全面考量了春条在现代社会中的实用性。在产品风格方面明确定位:一个是偏向传统的微创新形式,另一个是将传统春条彻底改头换面,运用异形切割的全创新形式。团队的考量是能够让更多的人接受春条,使用户群体的年龄覆盖面更广。

妙手回潮牢牢抓住了年轻人追求当下潮流和时尚的消费心理,消费者定位明确。品牌不断地与各行各业跨界联名，利用优秀的设计和品牌效应打响自身品牌知名度。综合当代新媒体、线上线下渠道、短视频平台等多种方式进行营销推广，使信息爆炸式地传播，扩大产品的知名度和影响力，也是值得当下非遗文创品牌借鉴的一个发展方向。

三、自然造物文创产品案例

自然造物是以"发展中国民艺之美"为设计中心思想的文创品牌。自然造物的设计团队通过走遍全国多个地区，走访了上千位民间手艺人，找寻传统民间非遗工艺原生态的美感，探寻民间手工艺逐渐在历史发展中消失的原因，同时也探索民间传统工艺在现代场景下的呈现方式。

其设计研发的一整套中国传统木刻版画工具套装，包括木刻教学手册、木刻版画工具、年画图样、图文资料册。对于材料包内容物的选择，设计团队没有简单地从工厂批发工具和原材料，而是有目的地去选择承载了传统工艺的手工制造工具，如版画刻刀选择的是中国木雕之乡浙江东阳的东阳刻刀，羊毛刷则是选择了安徽桐城的羊毛制刷，所有工具都是手工制造的，体现了团队对于传承发扬手工艺的决心。随材料包附送的图文资料手册是设计团队将几年间的调研结果编辑成册，让消费者在体验手工的过程中还能了解学习到更多传统手艺背后的文化知识。

自然造物在文创产品的包装设计上，主要运用了文字排版的设计方式，选用手写书法作为标题和主图案，书法既是文字内容的表达，同时能作为装饰性的图形符号。将手写书法大面积铺满包装表面，再使用较小中英文字体居中排列点缀画面，同时对包装的内容物进行了解读。包装盒翻折处的装饰同样使用了文字，不同的是让文字的外框成为画幅，内部用中国传统的装饰元素填充，是字与画的创新结合。工具的小包装盒使用简单的线性图案概括内部产品的外轮廓形态，加上文字的点缀，整体简单却不简约。包装的材质多数选用了纸质材料，包括印花特种纸和原色牛皮纸，包装的色彩主要运用了黑色和红色加上烫金文字。黑色红色的搭配体现了庄重内敛的情感色彩，能够表现木版年画这一传统手工艺的历史积淀。

设计师在木版年画图案上选择了有着传统年味的门神和"招财进宝""如意麒麟"等图样，并且对图案进行提炼、简化和重构。传统门神图案本身就具有对称的形式美感，人物造型的设计上将原本怀抱的琵琶改为吉他和鼓，门神仿佛摇身一变成为乐队成员，增添了趣味性和时尚感，符合现代年轻人对于摇滚和音乐的追捧。木版年画雕刻套装兼具美观和实用性。雕刻好的木刻板可以印制在张贴的年画和利是封上，如果在年节时能用上自己雕刻印制的利是封，贴上自己雕刻的年画，对于消费者来说会获得一种极大的精神满足感和成就感。

自然造物团队从商业角度出发，保留了非遗传统手工艺中传统的部分，同时对文化进行解构和再现。对年画图样和包装进行了设计和优化，兼具潮流感和时尚感。能够直观再现传统手工艺的手工魅力，并且通过线上平台的搭建和宣传销售，在把非遗文创产品带进大众的视野同时，成功地将文化转化为商业价值。

四、广西民族博物馆文创产品案例

壮锦文化作为广西民间传统艺术的瑰宝，是具有代表性的壮族艺术珍品，被列为我国首批非物质文化遗产。广西民族博物馆推出一系列以壮锦图案纹样为基础的非遗文化系列首饰，是较为成功的文博、文创产品。

壮锦首饰将壮锦织品直接应用于设计之中，不过分依赖其他材料的衬托。在广西非遗文化壮锦银质手镯的设计中，直接套用了壮锦图案纹样，将其以织锦形式镶嵌于银质手镯上。手镯采用银质材质，在宽度为1.5～2厘米的手镯表面内嵌各种壮锦纹样的织品，以壮锦中的几何纹样元素为主，如花纹壮锦、水波纹壮锦、菱形纹壮锦等，同时在色彩的运用上沿袭了传统几何纹样壮锦色调，提升了银质手镯的艺术性和文化内涵。在耳饰设计中，也没有采用常见的塑料、金属等材料，直接使用了壮锦织品，因而具有浓郁的壮族特色。

直接以壮锦织品为材料进行设计为非遗文创设计开阔了思路，可以想见，在设计手机壳、纽扣等产品时也可以直接使用壮锦织品或者其他织品，通过材料的创新赋予文创产品新的美感。

参考文献

[1] 吴国林. 非遗漫谈 [M]. 上海：上海社会科学院出版社，2021.

[2] 蒋明智. 非遗保护与文化认同 [M]. 广州：广州中山大学出版社，2021.

[3] 廖燕飞. 边走边看思非遗 [M]. 北京：文化艺术出版社，2021.

[4] 陈勤建. 回归生活非遗保护的理论与实践研究 [M]. 上海：上海人民出版社，2018.

[5] 董晓萍. 民俗非遗保护研究 [M]. 北京：文化艺术出版社，2016.

[6] 陈爱国. 乡村振兴与非遗保护：文化遗产传承人的日常实践研究 [M]. 上海：上海交通大学出版社，2022.

[7] 胡木清，唐廷强. 国际非遗文典第一至十届国际上海非物质文化遗产保护论坛文选 [M]. 上海：上海辞书出版社，2022.

[8] 熊青珍，敖景辉. 文化创意产品设计 [M]. 长沙：湖南师范大学出版社，2021.09.

[9] 尹杰. 黑陶文化的艺术符号破译黑陶文化创意产品设计策略与案例研究 [M]. 北京：科学技术文献出版社，2021.

[10] 孟宪喆. 新媒体背景下文化创意产品的设计与传播 [M]. 北京：北京工业大学出版社，2021.

[11] 袁国凯. 地域文创元素在日化产品中的应用 [J]. 日用化学工业（中英文），2023，53（4）：493-494.

[12] 党洁. 数字文创：体育非物质文化遗产的云端推广 [J]. 武术研究，2023，8（4）：84-87.

[13] 叶翔宇，梁慧芳，从明芳，等. 纺织非物质文化遗产活态传承标准化的

思考[J].中国纤检,2023(4):92-94.

[14] 陈思雅,唐先枝,曹冰玉.基于年轻人体验式消费的"非遗"传承路径研究[J].商展经济,2023(7):44-46.

[15] 李国兵.非遗传承人技艺隐性知识的教学转化与应用——以桃花坞木版年画为例[J].常州信息职业技术学院学报,2023,22(2):89-92.

[16] 严芮圻.新媒体视域下非物质文化遗产的活态传承策略[J].新闻世界,2023(4):86-88.

[17] 任爽,梁振然.从"遗产"到"资本",侗族文化资本化探析[J].特区经济,2023(3):131-135.

[18] 亓明静,万萱.非遗博物馆文创产品古今结合的设计研究[J].设计,2022,35(20):20-22.

[19] 高艳芳.新世纪以来中国非物质文化遗产研究的转向与成因[J].理论月刊,2023(3):83-91.

[20] 盛怡瑶.非物质文化遗产的活化路径研究——以内蒙古奈曼旗民间皮影戏礼盒设计为例[J].上海工艺美术,2023(1):116-118.

[21] 周梦颖."十竹斋笺谱"非遗文化的动画设计[D].南京:南京邮电大学,2022.

[22] 刘后鑫.高邮市文旅融合发展的问题与对策研究[D].上海:华东师范大学,2022.

[23] 张浩.基于"三螺旋"模式的河北省非物质文化遗产传承发展研究[D].保定:河北大学,2022.

[24] 王超.中国博物馆戏剧案例研究[D].昆明:云南艺术学院,2022.

[25] 周美慧.旅游场域下的西江苗族刺绣变迁研究[D].贵阳:贵州民族大学,2022.

[26] 徐琼英.陶瓷非物质文化遗产知识产权保护研究[D].景德镇:景德镇陶瓷大学,2022.

[27] 陈舒蕊. 非遗活态传承的文创品牌建构及设计研究[D]. 海口：海南大学，2022.

[28] 秦旖旋. 非遗传承视角下日照旅游文创产品开发研究[D]. 曲阜：曲阜师范大学，2022.

[29] 胡修修. 基于非遗传承下的秦淮灯彩设计[D]. 景德镇：景德镇陶瓷大学，2021.

[30] 谷祺. 非遗冀派内画艺术传承与市场化研究[D]. 天津：天津美术学院，2021.